D1617837

„WENN DIE SONNE DER KULTUR TIEF STEHT,
DANN WERFEN AUCH ZWERGE
LANGE SCHATTEN!"

Zitat: Karl Kraus

CHRISTIAN KELTERMANN

„AUF EINEM AUGE BLÖD"

Verlegt bei BoD, Norderstedt
www.bod.de

Impressum:

Originalausgabe: Januar 2010
Copyright (c) 2010 bei BoD, Norderstedt
Alle Rechte vorbehalten.
Das Werk darf -auch teilweise-
nur mit der schriftlichen Genehmigung
des Verlags und des
Autoren wiedergegeben werden.

Umschlaggestaltung, Umschlagabbildung, Satz&Layout:
Christian Körtke

Herstellung und Verlag: BoD, Norderstedt
Printed in Germany

ISBN: 978-3-8391-1254-0

Kontakt: Christian Keltermann: of.ce@christiankeltermann.de
Homepage: www.christiankeltermann.de

Inhalt

Christian Keltermann- Zur Person des Autors 11
Vorwort von Regisseurin UTE NEUBERT 12
Auf einem Auge blöd! Die Einleitung 15

Kapitel 1:
Verblödung durch die Medien
Erstens: Doof -TV - Debiler Trash auf der
Mattscheibe
1. Sexy Clips und Telefonsexwerbung 32
2. Horrido, wir sind im Zoo - die Tierparkdokus 34
3. Ich WAR ein Star - holt mich hier raus.
   Unsere Menschenhaltungsformate! 37
4. Verblödungslebenshilfe via TV- Talkshows,
   Zwegat und Assi-Reportagen 39
5. Deutschland sucht ein „One-Hit-Wonder"-
   der deutsche Castingmüll 48
6. Werbung und Call-In Shows 49
7. Essen ist fertig! - diese vollkommen
   nervenden Kochshows 52
Und nun das Fernsehfazit: 52
Zweitens: Medium Printmedien -
Papier ist halt geduldig! 54
1. Was sich heute so alles
„Bestseller" nennen darf...... 54
2. BILD dir deine Meinung-
   ein „Lügenblatt" als Stimme des Volkes 58
3. Neue Post, Frau im Spiegel, Gala und Co -
   Es leben die Klatschzeitungen 61
Drittens: Verblödungsmedium Internet 64
Viertens: Computerspiele -
Züchten wir nun wirklich Amokläufer heran? 66
Und zum Schluss des ersten Kapitels
das Medienfazit ! 68

Kapitel 2:
„No future Generation"
Unsere verblödete Jugend
1. Die „No-future Generation" und die Arbeitsmoral 69
2. Die „No-future Generation" und ihr Benehmen 73

3. Die „No-future-Generation" und ihr
   Alkoholkonsum 75
4. Die „No-future-Generation" und die Bildung ... 76
5. Die „No-future Generation" und ihr
   Modegeschmack 78
6. Die „No-future-Generation" und ihre Vorbilder ... 80
7. Die „No-future-Generation" und der Sport ... 81

Kapitel 3:
Der gekaufte Sieg!
Wie wir selbst im Sport für dumm verkauft werden
1. Von gedopten Radfahrern,
   geschobenen Boxkämpfen und Schiri Hoyzer ... 83
2. Anfeuern und mitfiebern überflüssig und sinnlos!
   Der Aufstieg ist verboten ! 91
Fazit: Sport ist nicht immer „echt"!
Lassen Sie sich nicht für dumm verkaufen! 93

Kapitel 4:
Lügenfaktor: Politik!
Wollen uns die Politiker wirklich
für dumm verkaufen?
1. Demokratie - Wählen wir wirklich ? 97
2. Haben wir wirklich einen Einfluss
   auf politische Entscheidungen ? 101
3. „Wer nicht arbeitet, soll auch nicht essen!" -
   Die „Hartz 4" - Debatte 106
4. Die Rentenlüge 115

Kapitel 5:
Wirklich alles für den guten Zweck?
Die Wohltätigkeitslüge 121

Kapitel 6:
Gleichheit vor dem Gesetz?
Von wegen! 127

Kapitel 7:
Verlogener Patriotismus? 133

Kapitel 8:
Gibt es wirklich Gleichberechtigung
von Mann und Frau? 137

1. Die Emanzipationslüge   137
2. Geburtenrückgang bei der Oberschicht.
   Kriegen nur noch dumme Menschen Kinder?   140

Kapitel 9:
Ausländer raus?
Die Integrationslüge   145

Kapitel 10:
Die Kirche als Verblödungsfaktor?
Wieso wir an Dinge glauben, die wir nie
gesehen haben...!   149

Kapitel 11:
Von der Wirtschaft für blöd verkauft!   157

Kapitel 12:
Die Freiheitslüge!   163

Kapitel 13:
Bin ich normal oder unnormal?
Vom schwarz-weiß-Formieren
der Gesellschaft!   167

Kapitel 14:
Alles ist käuflich!
Die Wahrheit über die Korruption   171

Kapitel 15:
Umweltschutz? Nein danke!   175

Kapitel 16:
Haben wir wirklich alle
die gleichen Chancen?   179

Kapitel 17:
Die Sex-Toleranzlüge!
Akzeptieren wir wirklich andere Vorlieben?
1. Sex im „reifen Alter"   183
2. Ich bin schwul, und das ist auch gut so.   186
Zum Geleit!
Ein Abschluss zur Verblödung!   189
Zum Abschluss wollte ich kurz „Danke" sagen   195

Christian Keltermann- Zur Person des Autors

Christian Keltermann begann seine Karriere als professioneller Kabarettist und Comedian im Dezember 2000. Seitdem hat er über 700 Bühnenauftritte mit 6 abendfüllenden Bühnenprogrammen in den wichtigsten und angesagtesten Theatern und Variétes der Republik gespielt und ist darüberhinaus mehrere Male im Fernsehen (u.a. ARD „Verstehen Sie Spaß?", BR „Kabarett aus Franken") aufgetreten.

Keltermann lernte den Beruf des „Fachangestellten für Arbeitsförderung" bei der Agentur für Arbeit in Uelzen. Erst vor kurzem bezeichnete er seine Ausbildungszeit und Diensttätigkeit als „verschwendete Lebenszeit" und gab öffentlich zu, dass er gerne sein Abschlusszertifikat zurückgeben würde und diese Ausbildung annullieren lassen möchte.

Bei Wettbewerben um Auszeichnungen und Kabarettpreise macht sich Keltermann bewusst rar. Trotzdem kam er an dem einen oder anderen Preis (u.a. Niedersachsens „Verrücktes Huhn") nicht vorbei.
Vor seiner Tätigkeit als Comedian und Kabarettist leitete Keltermann eine Konzert- und Veranstaltungsagentur und arbeitete selbstständig mit einem ehemaligen Kollegen der Arbeitsagentur im Künstler- und Eventmanagement.
Darüberhinaus textete und komponierte er für mehrere Künstler und veröffentlichte als „Markus Wolter" zwei Bücher mit Lyrik und eigenen Texten.

Doch auch als Kabarettist veröffentlichte er mehrere CD's, DVD's und Bücher.

Vorwort von Regisseurin UTE NEUBERT

„Auf einem Auge blöd"- ein kabarettistischer Rund-
umschlag gegen die Massenverblödung. Hierbei hat
der Autor kurzfristig das Schiff wieder einmal in eine
andere Richtung gelenkt, denn dieses neue, hier vor-
liegende Buch war eigentlich als reines Satirewerk zur
Problematik mit der heutigen Jugend unter dem Titel:
„No future Generation" geplant.
Kurzfristige Kursänderung, wie so oft. Allerdings
nur aus Gründen der eigenen Perfektionsvorstellung.
Christian Keltermann war nie jemand, der sich von
dem Mainstream leiten oder beeinflussen lässt. Er hat
immer nur das gemacht und veröffentlicht, von dem er
selber zu hundert Prozent überzeugt war. Geld, Erfolg
oder Ruhm allein, war für Christian Keltermann niemals der einzige Motor einer Handlung. Er wollte und
will sich nicht für die „breite Masse" verbiegen. Ver-
öffentlichungen und die damit verbundenen Freigaben
erfolgten nur, wenn er selbst „voll hinter dem Projekt"
stand und mit der Publikation ausnahmslos zufrieden
war.
Eine eigenauferlegte Akkuratesse, welche er seit über
neun Jahren auch bei der Gestaltung seiner Comedy
und Kabarettprogramme verfolgt. Jedes seiner bisher
gespielten sechs abendfüllenden Programme musste
seinem perfektionistischen Auge entsprechen. Bei jedem Programm wurden auch nach der Premiere wieder
Inhalte und Nummern Grund- und Kommentarlos ver-
worfen, nur um diese umgehend durch neue zu ersetzen. Auch sein aktuelles Bühnenprogramm „Schnauze
voll! Jetzt rechne ich ab!" war nur weniger als ein Jahr
nach der Uraufführung zur Hälfte runderneuert.
Eine professionelle Perfektion, wie sie auch beim
Schreiben seiner Bücher angewandt wird.

Christian Keltermann war bereits mit der Art seines rabenschwarzen, britischen Humors vor fünf, sechs Jahren seiner Zeit voraus. Er war es, der mit diesem Radikalcomedy schon vor Jahren sein spezielles Publikum begeisterte. Lange, bevor es „Agrohumoristen" wie Serdar Somuncu oder Matthias Egersdörfer überhaupt auf der Comedybühne gab.

Doch es ist nicht leicht, „seiner Zeit" voraus zu sein. Im Januar 2005 präsentierte er beim legendären „Night Wash" im Kölner Waschsalon eine Nummer über siamesische Zwillinge. Ein absolutes Tabu in der „Night Wash"-Talentschmiede. Dies alles nicht nur unter den Augen des anwesenden Publikums und Klaus-Jürgen Deuser, sondern unter Begutachtung von Top-Comedystars wie Kaya Yanar, Johann König, Mirja Boes oder Ausbilder Schmidt.

Dieser Tabubruch, Witze über Behinderte zu machen, disqualifizierte ihn für weitere „Night Wash"- Projekte, und er wurde nie wieder für dieses Format berücksichtigt. Tabubrüche durfte es nicht geben. Doch es dauerte keine drei Jahre und jener Klaus-Jürgen Deuser ermöglichte dem Hassprediger Serdar Somuncu Auftritte in seinen Shows beim WDR oder „Comedy Central". Dessen Humor und Auftritte deutlich schlimmer und viel diskriminierender gegenüber jeglicher „Randgruppen".

Christian Keltermann ist in keine Schublade einzuordnen. Er ist gerne der „Nischenkomiker", der keinerlei Interesse daran hat, sich an der gleichen Thematik zu bedienen wie sein Kollegium. Vielleicht macht ihn gerade dies erfolgreich und einzigartig. Ein Humorist und Autor, der mit seinem britischen Humor nicht gerade für Auftritte bei Hochzeiten, Geburtstagen oder Familienfeiern geeignet ist, jedoch seine Spielstätten problemlos mit „seinem" Publikum füllen kann.

Wer Fan von Mario Barth und dessen Humor ist, wird mit Christian Keltermann und seinen Programmen und Projekten nicht viel anfangen können und wollen. Wer aber dem rabenschwarzen, englischen Humor zugetan ist, vielleicht sogar britische Fernsehformate wie „Little Britain" oder „The Black Adder" einschaltet, für den ist Christian Keltermann mehr als nur eine deutsche Antwort auf englischen Humor.

Auch mit diesem neuen Buch „Auf einem Auge blöd" schlägt Christian Keltermann wieder in seine eigene Kerbe. Bösartig, gemein, teilweise minderheitenfeindlich, aber stets mit einem originellen Wechsel von Niveaulosigkeit und hoher Intelligenz. Zoten und recherchierte Fakten wechseln sich ab.

Ein weiteres Beispiel seiner eigenen Stiltreue; nicht von den Medien oder der Gesellschaft zu verändern oder zu verbiegen.

Ute Neubert
München, den 18. September 2009

Auf einem Auge blöd! Die Einleitung

Deutschland verblödet! Eine kurze Aussage, die anhand der PISA-Studie oftmals getroffen wurde. Mit dem, was ein deutscher Schüler nicht weiß, können statistisch gesehen fünf Finnen sitzenbleiben. Doch woher kommt jene Verblödung? Verblöden wir uns selbst? Werden wir blöd geboren? Oder werden wir tatsächlich von unserem politischen Umfeld verblödet?

Deutschland verkommt zur phantasievollen Scheinwelt, denn der „Schein bedingt das Sein". Ein Schein ist etwas nicht ganz Reales. Dies gilt auch für den Geldschein, beziehungsweise für unser Scheingeld, denn die Hundert-Euro-Note ermächtigt uns dazu, im Wert von hundert Euro einzukaufen, der materielle Wert dieses Scheines ist jedoch nicht der aufgedruckte.

Man versucht uns auch gerne mit „Schein" zu verblöden. Im September 2009 sprach Kriminalpsychologe und Kriminalexperte Dr. Christian Pfeiffer im Sat 1 Frühstücksfernsehen davon, dass Ausländer gar nicht so kriminell sind, wie immer gesagt werden würde. Von 80.000 jährlichen Straftaten werden nur knapp 30.000 Straftaten von Ausländern oder Mitbürgern mit Migrationshintergrund begangen. Das Credo dieser Ansprache war die latente Botschaft, dass der Deutsche mehr als doppelt so gefährlich und kriminell ist wie ein in Deutschland lebender Ausländer.

Diese These bewahrheitet sich jedoch nicht, wenn man diesen Sachverhalt von einem anderen Blickwinkel aus betrachtet. Es heißt VON 80.000 Straftaten, werden „nur" 30.000 Straftaten von Ausländern begangen. Somit bleiben für den deutschen Kriminellen 50.000 Straftaten. Dreißigtausend stehen fünfzigtausend gegenüber. Jetzt muss man nur noch einen Blick auf die

Bevölkerungszahl werfen. Deutschland hat 80 Millionen Einwohner. Davon sind weniger als 8 Millionen Ausländer. Somit wären 72 Millionen Deutsche. Von diesen 72 Millionen gibt es 50.000 Straftaten, also wäre jeder 1.440 Deutsche kriminell aufgefallen. Von 8 Millionen Ausländern wurden insgesamt 30.000 Straftaten verübt. Dies bedeutet, dass quasi jeder 267. Ausländer schon einmal straffällig wurde. Insofern fallen Ausländer in Deutschland über fünfmal so oft gesetzeswidrig auf wie ihre deutschen Mitbürger.

Natürlich darf dies in Deutschland nicht gesagt werden. Man ist ja gleich Rassist.

Ein anderes Beispiel des „Scheins" und „Scheinwahrheiten" ist eine kürzlich veröffentlichte Statistik, dass die häufigste Todesursache der 11 - 17-jährigen der Selbstmord ist. Laut dieser Statistik sterben mehr Menschen dieser Altersgruppe am sogenannten „Freitod" als an Krankheiten oder Autounfällen. Natürlich wurde der Deutsche gleich wieder panisch. Es gab diverse Talkshows zu diesem Thema „Kinderselbstmord", und viele Fernsehsender brachten sogar eigens themenbezogene Reportagen wie „Selbstmord mit fünfzehn - Wenn Kinder sterben wollen" ins Programm. Psychologen und andere Fachleute rätselten und philosophierten stunden- und tagelang zu diesem Thema. Woran liegt es, dass sich Kinder selbst töten? Wer ist schuld daran? Wie können wir es verhindern? Was sind die Anzeichen zu einer möglichen Todessehnsucht?

Auch diese -scheinbar unfassbare und grausame- Statistik erscheint in einem neuen, geänderten Licht, wenn man sich diese „Wahrheit" von einem anderen Blickwinkel aus anschaut. Die häufigste Todesursache der 11 - 17-jährigen ist der Selbstmord! Aber mal ehrlich:

Woran soll man in diesem jungen Alter sonst sterben? An Altersschwäche? An altersbedingtem Herz- oder Organleiden? Am Schlaganfall? Am Herzinfarkt durch Stress und Überlastung? An selbstverschuldeten Autounfällen durch eigene Raserei? Zumal kaum jemand in dieser Altersgruppe schon einen Autoführerschein besitzt.

Sogar Kinder mit angeborenem Herzfehler oder angeborener Behinderung sterben -wenn überhaupt früher- dann entweder nach dem fünfundzwanzigsten oder -so traurig es auch ist- vor dem neunten Lebensjahr.

Der Deutsche lässt sich somit gerne vom Schein verblöden oder ist einfach Opfer seiner eigenen Dummheit aufgrund mangelnden Selberdenkens. Trotzdem habe ich noch keinen Hundebesitzer gehört, der Folgendes von sich gab: „Kaum habe ich Rex aus Kostengründen erfolgreich das Fressen abgewöhnt, da stirbt der Köter!"

Trotzdem gehen wir -den Expertenmeinungen zufolge- in Deutschland einer schlechten Zeit entgegen. Die Arm-Reich-Schere klappt immer weiter auseinander. Haben wir in Deutschland wirklich bald nur noch Kaiser und Bettelmann-Beispiele? Reichtum und Not? Fakt ist jedoch, dass bloßer Kapitalbesitz mehr einbringt als ehrliche Arbeit. Eine Umfrage in Deutschland nach „der Möglichkeit, schnell reich zu werden" hat ergeben, dass die Deutschen „Steuerhinterziehung", „Betrug" und „Bankraub" im Durchschnitt ernsthaft vor „Lottogewinn" oder „Erbschaft" nennen. Scheinbar glaubt man in Deutschland nicht mehr daran, dass man mit Ehrlichkeit oder ehrlicher Arbeit -wenn es sein muss auch durch Lotterieglück- reich werden kann.

Traurig ist in Deutschland folgendes Beispiel: Ein
Mensch zählt scheinbar bei den Versicherungsagentu-
ren weniger als ein Sachschaden. Wer in Deutschland
ein kleines Kind totfährt, ist besser dran, als wenn er
durch sein Fahrzeug einen Baum beschädigt.
Folgendes Beispiel, welches leider Gottes auf rechtli-
chen Tatsachen beruht:

Ein Mann fährt mit seinem neuen Mercedes für 80.000
Euro ordnungsgemäß mit 50 Stundenkilometern innerhalb einer Ortschaft. Plötzlich rollt ein Ball auf die Straße und ein fünfjähriges Kind rennt hinterher. Der Mann
macht das, was wohl jeder normale verantwortungsvol-
le Mensch tun würde. Er reißt das Lenkrad rum, um
den Zusammenstoß mit dem Kind abzuwenden. Leider
kommt er hierbei von der Fahrbahn ab und fährt dem
anwohnenden Nachbarn durch den neuen Gartenzaun
in dessen Gartenhaus.
Dem Mercedesfahrer entsteht am Auto ein Schaden von
50.000 Euro. Dem Anwohner entsteht am Zaun und
Gartenhaus ein Schaden von 10.000 Euro. Den Schaden für Zaun und Gartenhaus zahlt die Versicherung
des Nachbarn. Den Fahrzeugschaden jenes Mannes,
der dem Kind auswich, den zahlt niemand. Er bleibt als
Unfallverursacher auf seinen Kosten sitzen. Das Kind
kann nicht in Regress genommen werden. Es lief zwar
auf die Straße und verursachte damit indirekt den Unfall, doch das Kind ist unter sieben Jahren und daher
nicht straffähig!
Anders wäre jedoch folgender Sachverhalt:
Unser Mann fährt wieder mit seinem neuen Mercedes
für 80.000 Euro ordnungsgemäß mit 50 Stundenkilometern innerhalb einer Ortschaft. Plötzlich rollt ein
Ball auf die Straße und ein fünfjähriges Kind rennt

hinterher. Der Mann weicht in diesem Fall nicht aus. Er hält das Lenkrad -wie bei Wild empfohlen- fest und überfährt das Kind. Das Kind fliegt auf die Motorhaube und erleidet schwere Verletzungen.

Jetzt ändert sich der Sachverhalt. Die Versicherung eines Nachbarn braucht nicht zahlen, weil ja kein Schaden entstanden ist. Die Verletzungen des Kindes und den Krankenhausaufenthalt zahlt dessen Versicherung beziehungsweise die Familienversicherung der Eltern. Da das Kind durch das Verfolgen des Balles auf die Straße laut Gesetz „einen gefährlichen Eingriff in den Straßenverkehr" begangen hat, zahlt den leichten Schaden durch den Aufprall des Kindes auf der Motorhaube die Versicherung des Autofahrers. Zusätzlich könnte der Mann die Eltern des Kindes noch wegen „Vernachlässigung der Aufsichtspflicht" zu einem hohen Schmerzensgeld verklagen, weil jener Mann nun „nach diesem schrecklichen Erlebnis" „traumatisiert" ist und nicht arbeiten kann. So sieht es in Deutschland aus.

Ein großes Problem in Deutschland ist Neid und Missgunst. Dem „doofen", aber hart arbeitenden Nachbarn wird der dritte Jahresurlaub in Spanien oder Mexiko missgönnt, auch sein neues Luxusauto wird mies geredet. Erfolg ist bei den Mitwissern unerwünscht. Aus Neid wird man zum „Hasser" und Feind. Laut Statistiken von Versicherungen werden Luxuskarossen wie Ferrari und Co. öfter durch Schlüssel und Nägel zerkratzt als Kleinwagen. Man sieht es doch überall. Dem -noch unbekannten- Sänger wird nach seinem Sieg beim Grand-Prix-Vorentscheid der Erfolg nicht gegönnt. Man recherchiert lieber, ob der Song nicht geklaut ist und der Sieg dann aberkannt wird.

Selbst wenn dieses Buch von heute auf morgen Platz

1 in der Bestsellerliste mit zwei Millionen verkauften Exemplaren sein sollte, wird wahrscheinlich erst einmal geschaut, ob nicht einzelne Passagen dieses Buches anderen vorher erschienenen Büchern zu gleichen Themen ähneln, um mir den Prozess zu machen.

Ein perfektes Beispiel für Neid und Missgunst im Sport ist die TSG 1899 Hoffenheim. Als dieser Dorfverein als „Zufallsaufsteiger" mit gutem Fußball in der ersten Bundesliga begann und Ende 2008 sogar verdient Herbstmeister wurde, waren gefühlt alle „Hoffenheim-Fans". Irgendwann war dem Dorfverein der Erfolg nicht mehr gegönnt. Der Verein sei „eine zusammengekaufte Truppe", die Werbung für das Credo „Auch Geld schießt Tore" macht. Der Verein wäre ein „disziplinloser Haufen", der kein Spiel mit elf Mann beenden kann, weil laufend jemand „Rot" sieht. Am Ende waren viele gegen Hoffenheim und man las zwischendurch sogar Fanplakate in den Stadien mit Aufschriften wie „Zu spät gepisst, ist auch gedopt!". Irgendwann verschwanden dann die meisten Hoffenheim-Trikots aus den Ladenschaufenstern oder landeten auf irgendwelchen Grabbeltischen.

Die Schuldfrage wird aber immer gerne auf die verblödete „Jugend von heute" geschoben. Diese scheinbaren PISA- und Schulversager, welche statt Mathe zu pauken und eine Lehrstelle anstreben, lieber Schulschwänzen, an Wochenende auf „Flatrate-Sauf-Partys" gehen und sich für Abertausende von Euros auf Kosten der leidgeprüften Eltern Handyklingeltöne aus dem Internet runterladen.

Dann heißt es weiter: Warum verblödet die Jugend von heute? Liegt es an den Ballerspielen? An dem Medienhype um Dieter Bohlen, Heidi Klum und Co? Liegt es daran, dass die heutige Jugend angeblich statt Vorbildern wie Beckenbauer, Beatles oder Brandt lieber Drogenschlampe Amy Winehouse oder Doofbratze Paris Hilton zu Idolen erhebt?

Sind wir Deutschen wirklich ein verblödetes Volk von Nörglern, Meckerern und Schwarzsehern? Wenn Wahlen sind, dann ist der Nichtwähler die stärkste Fraktion. Die Wahlbeteiligung sinkt permanent. Gefühlt gehen nur noch wenige zur Wahl. Mit Sicherheit sind es aber im Nachhinein die Nichtwähler, die am lautesten über die aktuelle Regierungspolitik schimpfen. Aber wer nicht wählen geht, der dürfte doch auch nicht meckern. Ein Beispiel ist die Europawahl. Kaum einer kannte hierbei die Kandidaten, so dass man als Partei beim Wahlkampf auf bekannte Gesichter wie Angela Merkel oder Frank-Walter Steinmeier zurückgreifen musste. Ein Wahlspruch, den man oft hörte: „Was interessiert mich eigentlich diese blöde Europawahl?".
Ehrlicherweise muss man aber hierbei sagen, dass drei von vier Europa- und damit auch deutschlandrelevanten Entscheidungen in Brüssel getroffen werden. Aber wenn in der dreitausend-Seelen-Gemeinde der Ortsbürgermeister gewählt wird, der ohne Zustimmung des Landes nicht mal ein Ortsschild erneuern darf, dann wird brav hingerannt!
Deutschland besteht scheinbar nur aus Schwarzsehern. Selbst im Sport. Statt sich euphorisch auf die Welt- oder Europameisterschaft im Fußball zu freuen, hört man nur: „Wir kommen ja eh' nicht weit", die Anderen „sind alle besser", „Wir spielen keinen guten Fußball", nur um dann wieder im Endspiel zu stehen. Wenn man dann wie bei der Weltmeisterschaft 2002 Vizeweltmeister wird, oder bei der WM 2006 in Deutschland

Dritter, oder bei der Europameisterschaft 2008 Vize-europameister, heißt es am Ende „man habe es doch gewusst". Der typisch deutsche Schwarzmaler und Pessimist sagt dann am Ende: „Was ist denn schon „Vizeweltmeister"? Das bedeutet doch auch nur „Erster von den Verlierern" zu sein. Man kann es auch anders sehen: Man ist die zweitbeste Mannschaft der ganzen Welt, oder von Europa, wie aktuell!

Jene Menschen, die einen „Titel" als „Vize" nur als „bester Verlierer" sehen, sind die gleichen, die das Glas Bier lieber halbleer als halbvoll sehen. Es kommt auch hierbei nur auf die Sichtweise an. Man kann sich morgens vor den Spiegel stellen und sagen: „Hallo neuer Tag. Ich gebe dir die Chance, der schönste in meinem Leben zu werden!". Der Deutsche stellt sich lieber vor jeden Spiegel und sagt: „Hilfe, schon wieder einen Tag näher dem Tod!". Sicherlich ist beides richtig, aber entscheidend ist der kranke deutsche Pessimismus. Der Deutsche klagt gerne, wie schlecht es ihm geht. Anderen Nationen geht es aber bedeutend schlechter! Laut Statistiken leben die glücklichsten Menschen in den Armutsgegenden! Die Tatsache, dass ein hungernder Junge im Kongo, der sich überlegen muss, ob er seine Hand voll Reis heute oder morgen isst, glücklicher ist als ein Deutscher in der Wohlstandsgesellschaft, sollte uns doch eigentlich zu denken geben.

Typisch deutsch ist auch der „Schönheitswahn". Warum soll ein Paul Potts schlechter zu bewerben sein, als seine gut aussehende -scheinbar makellose- Konkurrenz. Aussehen ist in Deutschland wichtig. Auch wenn man kein Model werden will. Wenn man halt nicht die „Normmaße" hat, dann wird der Rest mit überflüssigen Schönheits-OPs „zurecht getunt". Mir persönlich ist es egal, ob meine Bank- und Finanzberaterin wie Cindy Crawford aussieht mit Modelmaßen 90-60-90, oder von der Optik mit den entgegen liegenden Maßen 60-90-60 eher aussieht wie ein wandelndes Persilpaket. Hauptsache, sie macht ihren Job richtig.

Der Schönheitswahn wird auch von unseren dummdusseligen Medien verbreitet. Das Fernsehen oder noch besser die Medien, wie die BILD. Es ist doch viel interessanter zu lesen, welche „IT-Girls" Höschen anhaben und welche nicht, statt sich mit politischen oder weltwirtschaftlichen Fakten herumzuschlagen. Diese Zeitungen, die sich damit befassen, dass Tschechien Weltmeister im Biertrinken ist und italienische Paare den meisten Sex haben. Trotzdem bleibt zu bezweifeln, dass diese Aussagen wirklich Einfluss auf unser Leben haben. Bei solchen Schlagzeilen ist wohl nicht davon auszugehen, dass die deutschen Männer sich diese „Biertrinkerweltmeisterschaft" zum Anlass nehmen, jährlich noch mehr Gerstensaft zu konsumieren, um wenigstens im Saufen Weltspitze zu sein.

Immerhin ist diesselbige BILD-Medium, welches wie folgt schreibt:

„Im Lawumba, einer bolivianischen Kleinstadt hat ein vierzehnjähriger Junge beim Onanieren seine Katze erschossen. Grund hierfür war scheinbar ein verschluckter Kirschkern, der versehentlich in die Harnröhre gelang. Bei dem Akt der Selbstbefriedigung kam durch den Samendruck der Kirschkern hinaus und traf die Katze direkt am Kopf. Diese verstarb durch den Einschlag im Gehirn..."

Sicherlich ist dieses lustig zu lesen, aber kaum einer der BILD Konsumenten wird nach Bolivien fliegen, um den Jungen aufzusuchen und damit den Wahrheitsgehalt dieser Eilmeldung recherchieren.

Angst wird in Deutschland sowieso gerne als Druckmittel verwendet. Mittlerweile warnen politische Parteien auf ihren Plakaten vor der Konkurrenz. „Finanzhaie würden CDU wählen", „Heiße Luft wählt FDP!" und so weiter. Scheinbar wählt man nicht mehr die Partei, welche die eigenen Interessen und die Interessen Deutschlands am besten vertritt, sondern man wählt - gefühlt- das geringste Übel. Frei nach dem Motto: „Wer kann denn den geringsten Schaden anrichten?".

Der Deutsche lässt sich sowieso gerne von den Politikern verarschen. Irgendwelche Kanzlerkandidaten dürfen laut propagieren, dass sie innerhalb zwei Jahren Vollbeschäftigung -und damit den Abbau von über vier Millionen Arbeitslosen- herbeiführen können. Der leicht -oder mehr- verblödete Deutsche denkt nicht darüber nach, ob er gerade für dumm verkauft wird, sondern er schreit laut: „Den wähle ich!". Der Deutsche an sich wählt scheinbar sowieso keinen Politiker, sondern eher eine lustige oder anerkannte Person. Ich könnte wetten, wenn Horst Schlämmer -alias Hape Kerkeling-, den ich im Übrigen genauso witzig finde wie ein Beil im Kopf, wirklich mit seiner „Horst-Schlämmer-Partei" kandidieren würde, bekäme er in Deutschland wohl die absolute Mehrheit. Gleiches würde wohl auch für Günter Jauch, Thomas Gottschalk, Dieter Bohlen oder Stefan Raab gelten!

Mit Angst wird stets versucht, irgendwelche Ziele zu erreichen. Sogar mit Angst wird man zur Wahl geschickt. „Wenn man nicht wählen geht, dann unterstützt man die rechten Parteien!", so lautet ein Schlagwort. Als ob jeder Nichtwähler automatisch die „braune Fraktion" unterstützt. Latente Angst wird scheinbar überall geschürt wie ein gutes Lagerfeuer. Besonders in Mode ist gerade die Angst vor Terroristen. In der scheinbaren Talibantraumatisierung, in der -gefühlt- jede Familie darüber nachdenkt, ob der sechzehnjährige Kevin in seinem Kinderzimmer nicht in Wirklichkeit ein „Schläfer" der Hisbollah ist, der nur auf die passende Gelegenheit wartet, auf einem Familienfest mit einem Bombengürtel die ganze Sippschaft auszulöschen.

Der Deutsche an sich baut für alles und jeden Denkmäler. In Berlin steht sogar ein Mahnmal für die Juden. Jeder bekommt scheinbar sein Mahnmal. Die Homosexuellen bekommen ein Mahnmal, die Ausländer bekommen ein Mahnmal, die Behinderten bekommen ein Mahnmal, die Zigeuner bekommen ein Mahnmal. Bald bekommt sicherlich sogar der Architekt und Erbauer des Mahnmals sein eigenes Mahnmal. In Deutschland macht man sich auch 55 Jahre nach dem Krieg Gedanken über die Opfer. Auch heute zahlen wir, die mit dem Krieg selber nichts mehr tun haben, den Juden Ausgleichs- und Entschädigungszahlungen für Holocaust. Das Geld geht übrigens an Juden, die auch mit dem Krieg und der Massenvernichtung nichts mehr zu tun haben. Wahrscheinlich werden wir bis zum Untergang der Welt für das bluten, was unsere Großeltern verbockt haben. Dies ist vergleichbar, als wenn ich jetzt wegen Mordes zu lebenslanger Freiheitsstrafe verurteilt werde, weil mein Großvater im zweiten Weltkrieg beim Polenfeldzug einen Mann erschossen hat.
Deutschland will scheinbar „ums Verrecken" politisch korrekt werden. Statt sinnvoller Integration von Einwanderern befasst man sich lieber damit, ob es nicht rassenfeindlich ist, wenn man die „Super Dickmanns" noch weiterhin als „Negerkuss" tituliert. Wenn der Begriff „Negerkuss" eines Tages dann als Rassenhetze gilt und verboten wird, dann kann man auch gleich

den Begriff „Super Dickmanns" verbieten lassen. Diese Bezeichnung könnte ebenfalls diskriminierend auf stark übergewichtige Menschen wirken. Bei dieser Gelegenheit kann man auch weitere rassenfeindliche Nahrungsmittelbezeichnungen verbieten, wie beispielsweise „Zigeunerschnitzel" oder „Türkentorte". Auch sollten Begriffe wie „warme Wiener" verboten werden. Es könnte ja den Eindruck hinterlassen, man diskriminiert homosexuelle Österreicher.

Generell denkt der Deutsche in Vorurteilen. Jeder, der eine Glatze hat, ist automatisch ein Nazi, Schwule tragen Täschchen, näseln und sind Friseur, Lesben tragen Tarnuniformen und sehen aus wie Hella von Sinnen, Juden haben Hakennasen und sind Kredithaie oder Kaufmann, Ökos sind langhaarig und tragen Norwegenpullover, Stricksocken und Birkenstocksandalen, alle Behinderten sabbern, Maurer saufen den ganzen Tag Bier, Beamte sind faul, alle Polen klauen, Schotten sind geizig, dicke Menschen fressen von morgens bis abends Ravioli und Pizza und alle Türken haben Dönerläden oder sind Türsteher und beherrschen nur den Satz: „Was guckst du?".

Der Deutsche ist scheinbar durch seine eigene Vorurteilshetze dermaßen verblödet, dass es ihn schockt, wenn irgendjemand vom „Klischee" abweicht und der Schwule nicht Friseur, sondern Fliesenleger ist, und der Türke tatsächlich als Bankberater arbeitet und perfekt deutsch spricht.

Besondere Vorurteile bestehen in Deutschland gegen die sogenannte „Unterschicht". Doch was ist die Unterschicht? Früher wurde das sogar in die Schulformen gedrückt. Es gab die Volksschule (für das „Fuß"-Volk), die Mittelschule (für die Mittelschicht) und die Oberschule (für die Oberschicht und die „oberen Zehntausend"). Man versucht die sogenannte Unterschicht auszugrenzen und in „Ghettos" abzuschieben. Möglichst in irgendwelche „Asozialen Viertel" oder Gegenden mit Behelfsheimen, um welche sogar die Sightseeingbusse der Großstädte einen möglichst weiten Bogen herumfahren, um das „Assipack" nicht den Touristen zu präsentieren. Im Jahre 1965 sang sogar Liedermacher Franz-Josef Degenhardt davon: „Spiel nicht mit den Schmuddelkindern, sing' nicht ihre Lieder. Geh doch in die Oberstadt, mach's wie deine Brüder!". Dieser Song wurde Mitte der 90-er Jahre ausgerechnet von Jürgen Drews gecovert, bevor er selber zum „Aushängeschild der versoffenen Ballermannunterschicht" wurde, und auf der spanischen Urlaubsinsel vor betrunkenen Kegelclubs und Fußballvereinen seine ideen- und bildungslosen Titel vorzutragen.

„Unterschied" bedeutet meistens „asozial". Der Begriff „asozial" bedeutet frei übersetzt „gegensozial", also das Gegenteil von der als „normal" deklassierten Restbevölkerung. Doch wer ist „asozial"? Der Arme? Der Bildungslose? Der Langzeitarbeitslose? Der Hartz-4 oder ehemals Sozialhilfeempfänger?

Jene Bevölkerungsschicht, in der die verschlampte Mutter ihren Sohn davor warnt „aus Pietätsgründen den arbeitslosen Ossivater nicht zu wecken, weil dieser um zwölf Uhr mittags schon besoffen ist"?

Viele Hartz-4-Kritiker meinen, dass die Empfänger dieser Versorgungs- und Sozialleistung aus dem schützenden sozialen Netz Deutschlands gerne eine soziale Hängematte machen. Eine Familie mit zwei Kindern kann mit Kinder- und Erziehungsgeld sowie Hartz 4 und anderen möglichen Zusatzleistungen im Monat auf fast 2000 Euro kommen. Dieses entspricht einem

Stundenlohn von 12 Euro brutto. Dies ganze natürlich ohne Arbeit und „mühsam" auf der faulen Bärenhaut abgelegen. Diese 12 Euro brutto sind deutlich mehr als ein Bauarbeiter, eine Friseurin, Kassiererin oder ähnliche Berufsgruppen im Schweiße des Angesichts durch körperliche Arbeit verdienen.

Angeblich, so Hartz 4 Feinde, wird in Deutschland Faulenzen und Nichtstun besser belohnt, als ehrliche Arbeit, die mit Steuerabgaben endet, welche den Staat tragen und finanzieren. Logisch kommt dem Geringverdiener der Gedanke: „Warum soll ich denn arbeiten gehen, wenn ich durch Nichtstun das Gleiche oder sogar mehr verdienen kann?" Wenn das Geld dann nicht reicht, dann kann man sich ja zur Not noch etwas schwarz hinzuverdienen.

Leider besteht das Vorurteil, dass alle Arbeitslosen faul und versoffen sind. Dieses Image wird natürlich vorbildlich von jenen Hartz 4-Empfängern bildlich gepflegt, welche fünf oder sechs Tage lang mit dem Taxi zur Kneipe und zurück fahren, um dann am zehnten des Monats vollkommen pleite und mittellos zu sein.

Das Vorurteil, dass alle Arbeitslosen Berufsalkoholiker sind, prägte zusätzlich der ZDF „Wetten dass?"- Fernsehliebling Thomas Gottschalk, als er in seiner Sendung den Bierdosenstapel, den er für eine Wette benötigte, fröhlich und herabwertend als „Hartz-4-Stelzen" bezeichnete. Ein weiteres Beispiel für Vorurteile ist Kurt Becks Arbeitsmarktprogramm, als er vor Weihnachten 2006 einen arbeitslosen Maurer öffentlich bloßstellte, indem er ihn zum „Waschen und Rasieren" bewegen wollte, damit jener dann auch in drei Wochen einen Job hat. Diese typisch deutschen Vorurteile führen dazu, dass man tatsächlich glaubt, alle vier Millionen Menschen ohne Arbeit seien gelernte Berufsfaulpelze und Kampftrinker.

Überall bestehen Vorurteile gegenüber der sogenannten Unterschicht. So nannte Wolfgang Clement von der SPD die Hauptschule abwertend „Restschule" und vermittelte damit den Eindruck, auf der Hauptschule sei sowieso nur der vollkommen verblödete Bodensatz, dem in der Prüfung nicht mehr auferlegt werden darf, als sich die Schuhe zuzubinden. Quasi sind in Clements Augen die Hauptschüler nur schlagende, niveaulose, saufende Blödmänner, die eine Gefahr für die Gesellschaft sind und sowieso keine Lehrstelle finden. Die „Unterschicht" ist angeblich arm, arbeitslos, dumm und verwahrlost. So sind mir aus meinem früheren Berufsleben als „Fachangestellter für Arbeitsförderung" bei der Arbeitsagentur in Uelzen sogar Fälle von Arbeitsvermittlern bekannt, die provokativ Raumspray gegen die „stinkenden Arbeitslosen" im Büro stehen haben oder ganz offensichtlich das Fenster zum Lüften öffnen, wenn der „Kunde" den Raum betritt.
Schlechte Unterschichtenpolitik machte auch unser Berliner Vorzeigehinterlader Klaus Wowereit, als er selber behauptete, er würde seine Kinder niemals auf eine Kreuzberger Schule schicken.

Zum besseren Verständnis wurde das Buch „Auf einem Auge blöd" in verschiedene Kapitel aufgeteilt. Kapitel, in denen die Eigen- und Volksverdummung Dritter am Besten zum Tragen kommt.

In diesem Sinne, Auge zu und durch!

Kapitel 1:
Verblödung durch die Medien

Erstens: Doof-TV - Debiler Trash auf der Mattscheibe

Das Fernsehen gilt als Medium Nr.1. Trotzdem steht eines fest: So wenig Niveau war nie. Bis in die frühen 80-er Jahre empfing der bundesdeutsche Bürger drei, maximal vier Programme. Dieses änderte sich schlagartig im Oktober 1982 mit dem Start des Privatfernsehens. Was mit Sat 1 und RTL begann, steigerte sich sehr schnell zu einer Privatsenderflut. Bereits zu Beginn der Privatsender sprachen viele Medienexperten von der Möglichkeit einer „Reizüberflutung". Nun, über 25 Jahre später, kann man dieses nur benicken. Denn aus maximal vier Fernsehkanälen sind deutlich mehr geworden. In Zeiten von digitalem Fernsehen, Sky (ehemals Premiere), diversen „offenen Kanälen", Lokalsendern und Internet TV kann man mittlerweile das Angebot von über vierhundert deutschsprachigen Sendern nutzen. Dieses hat leider Schwachsinns-TV zur Folge. Die Bilanz von Familienministerin und Berufsgebärmaschine Ursula von der Leyen wurde unmissverständlich zum Ausdruck gebracht. „Fernsehen macht dick, dumm, traurig und gewalttätig." Besonders die Bezeichnung „dumm" kann man hierbei hervorheben. Somit kann man jenem Recht geben, der meint, „heute gibt es nichts in der Glotze!".

Dieses ist sicherlich Grund dafür, mal einen Blick auf das zu werfen, was uns das „Kulturgut" Fernsehen anbietet.

1. Sexy Clips und Telefonsexwerbung

Man kommt leider nicht daran vorbei, nach 22:00 Uhr auf nacktes Fleisch zu schauen. Scheinbar jeder private Fernsehsender haut einem die „nackten Tatsachen" um die Ohren. „Geile Studentin" hier, „gelangweilte Hausfrau" dort. Obwohl ich in diesem Zusammenhang die „gelangweilte Hausfrau" nicht nachvollziehen kann. Welche falsche Wahrheit soll hier dem potenziellen notgeilen Wichstelefonnutzer vorgegaukelt werden? Ich war selbst einige Jahre mit einer gelangweilten Hausfrau zusammen. Diese hat jedoch niemals nackt die Tür geöffnet. Ich hatte noch nicht mal den Schlüssel im Schlüsselloch, da schalmeite es durch das gesamte Treppenhaus „...und zieh' die Botten aus, du Pottsau! Wenn du dein Essen suchst, das steht heute zur Abwechslung mal im Kochbuch!".

Für wie blöd wollen uns diese 0900-Anbieter eigentlich halten? Jeder Mann, der einen höheren IQ hat als die Außentemperatur im Dezember, müsste sich doch im Klaren sein, dass er hierbei total abgezockt wird. Oder glaubt wirklich irgendein Mann ernsthaft, die neunzehnjährige Polin nimmt das Gespräch selber entgegen? Mit Sicherheit nicht! Diesen Job übernimmt irgendeine gelangweilte Hausfrau mit den Proportionen eines schlecht gepackten Rucksacks. Mutti stöhnt sich hierbei einen kleinen Nebenverdienst zusammen. Sie muss halt nur dem sabbernden Perversen mit seinem Lümmel in der Hand nach dem Mund reden.
Wer kann diese nimmer endende Telefonsexwerbung -auch Hartz 4 Porno genannt- überhaupt noch ansehen? Da wünsche ich mir wirklich das gute alte Testbild in Schwarz-Weiß aus den 80-er Jahren zurück.

Vor allen Dingen möchte ich mal wissen, welche Vollidioten diese Telefonsexclips schreiben. Vor einigen Jahren gab es mal einen Clip mit drei dunkelhaarigen Damen in der Badewanne. Diese Mädels könnten wortspieltechnisch mit allem punkten. „Drei Torten wollen vernascht werden" fiele mir hierbei ein. Aber diese drei Damen in der Badewanne sagen ausgerechnet: „Komm und mach' mich nass!" Hallo... ihr seid in der Wanne- ihr seid nass!

Besonders putzig sind immer diese Telefonsexomas. Nach dem Motto „Je oller, je doller" ruft die „heiße Luise" ihr „Reife Frauen erwarten deinen Anruf!" in die Kamera. Nur viele von den Damen sind mehr als reif, die sind schon überreif. Einige davon sind schon fast schimmelig. Man könnte meinen, wenn diese über den Friedhof gehen, dann binden sich die Würmer schon Lätzchen um. Warum sollte man dort überhaupt anrufen? Wenn ich das Keuchen, Ächzen und Stöhnen von alten Omas hören will, dann gehe ich ins Seniorenheim oder werde im Optimalfall gleich Altenpfleger. Aber was soll denn Lotti machen, wenn die Rente vorne und hinten nicht mehr ausreicht?

Besonders überflüssig finde ich diese putzige Waldorfschuldomina mit ihrem durch Mark und Bein klingenden „RUF MICH AN!". Ich gebe es zu. Es gab schon Abende, da habe ich es einfach nicht mehr gemacht. Das brauche ich auch nicht. „RUF MICH AN" habe ich jeden Morgen von meiner Mutter auf dem Anrufbeantworter.

Aber das Konzept von Telefonsexclips scheint vollkommen aufzugehen. Bei Preisen von 1,49 € oder mehr pro Minute reicht es auch, wenn einige hundert deutsche Volldeppen sich von den Damen vollstöhnen lassen. Die Anbieter dieser Servicehotline kriegen von der Telekom einen netten Obolus von den Einnahmen ab, und können dann auch sehr gut Werbefilmchen drehen und die hohen Kosten für die Fernsehwerbung bezahlen. Außerdem ist Mitternacht auch meist billiger. Aber immerhin erreicht man die Klientel. Wer etwas sparen will, kann sich auch die Softporno- und Ausziehclips bei Hamburg 1 ansehen.

Schwierig wird es nur, wenn man versucht, nach Mitternacht irgendein anspruchsvolles Fernsehprogramm zu sehen statt „heißen Gays auf der Line". Alles was nicht gerade Sex vortäuscht oder stöhnt, sind die Wiederholungen des Debil-TVs wie Talkshows, D-"Krimis" oder Gerichtssendungen.

Aber man muss auch aufpassen, wo man anruft. Ich habe neulich einmal angerufen, als eine dicke, fette Frau mit Telefonnummer im Fernsehen war. Zwei Wochen später kam Tine Wittler mit ihrem Kamerateam und hat meine ganze Wohnung umdekoriert.

2. Horrido, wir sind im Zoo - die Tierparkdokus

Tierfilme sind seit jeher sehr beliebt. Irgendwie finden viele Menschen Gefallen an Vierbeinern und damit meine ich nicht die besoffenen Ossis auf dem Arbeitsamt, sondern unsere Fauna. Zu Zeiten, wo die Fernsehstationen uns noch nicht mit sinnlosem Deppen-TV systematisch verblöden wollten, gab es noch richtige Tierfilme. Herr Grzimek beispielsweise oder der legendäre Heinz Sielmann mit seinen „Expeditionen ins Tierreich". Hierbei haben sich die Tierfilmer noch die Mühe gemacht, in der Wildnis zu drehen und sind direkt zu Elefant, Löwe und Giraffe nach Afrika geflogen. Was viele nicht wissen, diese Vor-Ort Filmerei forderte auch Todesopfer. Ein Tierfilmer fiel vom Baum, als er Gorillas filmen wollte und Diane Fossey wurde ihrerzeit sogar von selbigen umgebracht!

In unserem Zeitalter müssen Tierfilmer nicht mehr in „alle Herren Länder" fliegen, um die dort hausenden Tiere in ihrem natürlichen Lebensraum auf Band zu nehmen. Nein, heutzutage fährt man als Produktionsfirma von Tierdokumentationen einfach in den nächstbesten Zoo. Und statt professioneller Erklärungen über die Instinkte und das Verhalten des jeweiligen Lebewesens schnappt man sich einfach den nächstbesten Tierpfleger zu einer Kurzpromo vor der Kamera, während jener gerade dabei ist, der gerade gefilmten Spezies ihr Mittagessen zu schnibbeln.

Auf nahezu allen Sendern laufen von mittags bis abends irgendwelche Zoodokus. „Bär, Tiger und Co.", „Seehund, Puma und Co.", „Bär, Wolf und Co." und so weiter. Diese Dokus werden dann im Tierpark Berlin, im Zoo Jaderberg, im Zoo Leipzig oder im Wildpark in Nindorf gedreht. Fraglich bei diesem Assifernsehen ist jedoch, ob es für den Tierfreund nicht interessanter war, Höckertiere -in freier Wildbahn gefilmt- zu sehen, statt Wärter Hans-Heinrich Wolpertinger auf seinen fetten Arsch zu blicken, während er im Gehege Kamelscheiße schippt.

Wer sich gerne diese Zoodokus ansieht, der hat einen straffen Terminplan. Aber er muss sich keine Sorgen machen. Der Mist läuft auf jedem öffentlich-rechtlichen Programm, und die anderen Zoodokus, die parallel auf Gaga-TV laufen, kann er sich ja aufnehmen und abends ansehen. Das Besondere hierbei: Er muss sich seinen Schädel nicht mit Wissenswertem über

Tiger, Zebra und Co. zuschaufeln. Denn Fakten über die Tiere erfährt man nicht. Das ist das Gegenteil zu Heinz Sielmann. Bei dem gebürtigen Ostpreußen erfuhr man wenigstens, dass der Tiger in Asien lebt, ein Schleichjäger und kein Hetzjäger wie beispielsweise der Gepard ist, seine Nahrung aus Fleisch besteht und er in der Regel als Einzelgänger lebt und dreißig Jahre alt werden kann. Nein, bei den Verblödungszoodokus reicht es vollkommen aus, dem debilen Zuschauer zu erklären, dass Nasenbär Kurti gestern vom Baum gefallen ist, Brüllaffe Peter einmal ausgebrochen ist und Pinguin Günter dem Tierpfleger als Küken bei der Fütterung mit Fischbrei in den Finger biss. Der freundliche Fracktierpapa zeigt bei der Gelegenheit auch gleich seine vier Millimeter lange Narbe am Daumen, an der er angeblich „fast verblutete"!
Von den eigentlichen Hauptdarstellern also den Tieren sieht man zu wenig. Stattdessen guckt man Tierpflegerlehrling Kerstin zu, wie sie für die Beos Kiwis würfelt oder die Heringe für die Robben in den Eimer füllt.

Warum zeigt man nicht einfach mal den hartgesottenen Greifvogelbetreuer, der die Eintagsküken mit einem gekonnten Wurf auf den Betonfußboden um die Ecke bringt und anschließend den Uhu und Adlern serviert? Oder den Reptilienprofi, der gerade lebende Mäuse und Ratten an die Schlangen verfüttert? Warum filmt man nicht mal das Blutbad im Aquarium, wenn die Piranhas einmal wöchentlich dinieren? Warum auch? Es könnten ja Kinder zuschauen. Lieber beim Pfleger vorbeigucken, wenn er den Koala wiegt, die Stachelschweine raus lässt und den Babyaffen krault.
Aber wie gesagt- Fakten gibt's nicht. Nein, wenn man Tierfreund ist und mehr über seine Lieblinge erfahren

will, reicht ja ein Blick bei der Fütterung. Ob der Seehund in der Nordsee lebt, kiloweise Fische verzehrt und sich Speck für den Winter anfressen muss ist ja auch nebensächlich.

3. Ich WAR ein Star - holt mich hier raus. Unsere Menschenhaltungsformate!

Der Mensch an sich hat ein Spannerverhalten. Millionen, geradezu Abermillionen Menschen spielen sich als Sadisten auf und sehen sich Menschenhaltungsformate wie „Big Brother" oder das „Dschungelcamp" an. Einmal im Jahr macht sich -natürlich, wie soll es anders sein- ein Privatsender namens RTL 2 daran, zehn abgehalfterte D-Promis in den australischen Dschungel zu schicken. Der leicht (oder etwas mehr) verblödete Deutsche schaut dann Gottlieb Wendehals, Peter Bond, Daniel Küblböck und Co. beim Würmerfressen und Baden mit Kakerlaken und anderen Krabbeltieren zu. Auch wenn viele der Teilnehmer meinen, sie wollen „freiwillig an die Grenzen gehen", sieht der Realismus wohl anders aus. In den meisten Fällen dürften sicherlich verlorener Ruhm und knappe Kassen Motor der Handlung sein, mit Schlangen, Ratten und Spinnen auf Tuchfühlung zu gehen. Denn wenn man sich Hummer und Kaviar leisten kann, dann verspeist man sicherlich höchst ungern lebende Maden und Ameisen oder Känguruhhoden. Ganz anders unsere D-Promis. Um wenigstens noch ein paar Kröten und etwas Ruhm zurückzuverdienen, geht man in das Dschungelcamp zum Moderatorenpärchen Dick und Doof und macht sich richtig zum Vollassi. Was bleibt einem auch anderes übrig, wenn die aktuellen Gagenzahler und Scheckaussteller keine Firmengalas oder Veranstaltungsmanager, sondern eher die Buchhalter der Möbelhäuser und Baumärkte sind.

Mit etwas Glück kann man ja noch schnell eine CD auf den Markt werfen oder man kann sich Anschlussauftritte bei Promikochshows oder anderen höchst debilen Formaten ergattern. Vielleicht bleibt sogar etwas Geld übrig. Voraussetzung ist natürlich hierbei, dass die Auftrittshonorare für den Dschungel nicht direkt vom Gerichtsvollzieher oder dem zuständigen Finanzamt einkassiert werden. Und wenn es so ist? Dann hat man wenigstens seine -gerne auch gealterte und abgewrackte- Fresse mal wieder ins TV gehalten und ist immerhin für ein paar Wochen wieder im Gespräch und fast täglich in der BILD- „Zeitung"!

Der „Urvater" der Menschenhaltungsformate ist „Big Brother". Diesen Fernsehmist gibt es schon seit dem Jahr 2000. Die erste Staffel dieses Verblödungsformats brachte wenigstens „Kulthelden" wie Jürgen Milski und Zlatko hervor. Während „unser Jürgen" zumindest mit Partymucke auf dem Ballermann vor den besoffenen Kegelclubs und Fußballvereinen den einen oder anderen Euro verdienen kann, wird sein ehemaliger Duettpartner und „Fast-Grand-Prix-Teilnehmer" Zlatko wohl wieder seinen Hartz 4 Antrag ausgefüllt haben. Natürlich sprach ein amerikanischer Präsident mal von den berühmt-berüchtigten „fünfzehn Minuten Ruhm", die jeder in der expandierenden Fernsehlandschaft mal haben wird. Dieses bedeutet aber noch lange nicht, dass diese „fünfzehn Minuten Ruhm" auch von jedem Volldeppen zur systematischen Volksverblödung wahrgenommen werden müssen. Big Brother war beim ersten Mal für einige noch neu und interessant. Aber jetzt? Wer weiß denn noch, wer die zweite, dritte oder

-mittlerweile gefühlte- viertausendeinundfünfzigste Staffel gewonnen hat? Natürlich wurde dieses Fernsehformat ausgebaut. Es gab das Big Brother Dorf und man hat die sorgfältig vorgecasteten, zumeist gescheiterten Existenzen in die Bereiche Arm und Reich eingeteilt. Zu besonderen Anlässen schauen auch mal gerne B-Promis wie Cindy und Bert vorbei.

Der Deutsche an sich guckt sich gerne dieses Gaga-Format an, mit allem was dazugehört: Deppen beim Duschen und beim Sex unter der Bettdecke. Wie tief kann man vom Niveau her eigentlich noch sinken, um dieses Format zu verfolgen?

Was nur wenige wissen: Alle Teilnehmer sind vorher gecastet und jeder potenzielle Kandidat für diese Sendung wird vor Staffelbeginn mit einem Fragebogen - gerne auch zu politischer Einstellung, sexuellen Vorlieben etc.- ausführlich interviewt.

Auf jeden Fall kann man zu diesem Menschenhaltungsformat nur ökologisch antworten: „Flaschen gehören in den Container". Der Rest sitzt vor der Mattscheibe.

4. Verblödungslebenshilfe via TV- Talkshows, Zwegat und Assi-Reportagen

Scheinbar sind dem Fernsehen Ideen ausgegangen. In Sachen Gossen-TV wusste man sich schnell zu behelfen. Menschenjägerformate und das Zurschaustellen von „ungewöhnlichem Leben" wie einst die Elefantenmenschen, Riesen und Zwerge in Wanderzirkussen.

Angebliche Boulevardmagazine und andere Formate berichten über das Schwulenstricherleben von Detlef oder die Erlebnisse von Knastinsassen. Menschen werden -quasi mit Ring in der Nase- vorgeführt wie einst russische Tanzbären. Jede Geschichte wird minutiös geplant und optimal ausgeschlachtet. Das Schlimme hierbei: Millionen Menschen schauen begeistert zu.

„Explosiv", „Taff" und Co. berichten statt über Medien und Politik lieber über das Leben des 300-Kilo-Mannes aus Japan, einem Mexikaner mit zwei Penissen, einem Kerl, dem der halbe Kopf fehlt und behaarte Wolfsmenschen aus Kanada. Zunächst geschockt muntert man sich über größtenteils unmenschliches Leid auf. Und wenn man sich nicht daran aufmuntert - man schaut es sich an.

Ganz anders jedoch sind die dämlichen Talkshows. Hierbei machen viele freiwillig mit. Im Zusammenhang mit Talkshows denke ich noch an die „guten, alten 90'er Jahre" zurück, wo man gefühlt ab 10:00 Uhr morgens auf allen Privatsendern nichts anderes als die Verblödungstalkrunden sah. Selbst Johannes B.Kerner und Jörg Pilawa hatten einst ihre Talkrunde, in der sich irgendwelche ungewaschenen Asozialen zu allen möglichen Themen äußern konnten. „Sei froh, dass es uns Huren gibt!", „Arbeit ohne mich!- Ich lebe gerne von der Stütze" oder „Arabella, glaube mir - ich habe schon mehrmals gelebt" waren nur einige Themen und Schlagworte, zu denen sich immer wieder -gerne auch zahnlose- Kandidaten fanden, die bereit waren, sich vor Millionen Fernsehzuschauern zum absoluten Volldeppen zu machen.

Gott sei Dank gibt es kaum noch Talkshows. Aber jene, die geblieben sind, reichen vollends aus. Gab es früher noch Talker wie Vera Int-Veen oder Hans Meiser, sind „leider" nur noch wenige geblieben. Trotz alledem gehört dieses Zurschaustellen von obszönen Gossenbewohnern scheinbar zum Fernsehalltag dazu. Für eine

Gage von 250 Euro torkeln irgendwelche Arbeitslosen zur besten Sendezeit ins Fernsehen und lassen sich in Beziehungsfragen bei Britt Hagedorn an den Lügendetektor anschließen oder machen bei Grinsrübe Olli Geissen einen Vaterschaftstest. Im Optimalfall sind dies irgendwelche verwahrlosten, grellen und schrägen Figuren, die schreien, pöbeln, keifen oder vor laufender Kamera wie kleine Kinder heulen, weil der brave Frühverlobte Ahmed der armen Cindy mitteilt, dass er schon seit vier Wochen mit Chantal ein Verhältnis hat. Verblödungs-TV, wie es kaum schlimmer geht.

Irgendwie hinterlassen die Privatsender den Eindruck, die Unterschicht kann sich ohne die Hilfe ihrer debilen Sendeformate nicht mal alleine die Schuhe zubinden und ist auf die Hilfe des Fernsehens angewiesen. Egal ob Schuldenberatung (Peter Zwegat), Kindererziehung („Super Nanny", „Die strengsten Eltern der Welt"), Wohnung einrichten (Tine Wittler) oder sonstiges. Das Fernsehen ist dabei, um den betreffenden Personen zu „helfen". Nehmen wir mal Peter Zwegat als Beispiel. Dieser „Schuldenberater", der so aussieht, als hätte man ihm die Luft aus dem Kopf gelassen, besucht vor laufender Kamera irgendwelche hoch verschuldeten Unterschichtler, um ihnen bei ihrer Finanzmisere zu helfen. Die Klienten werden ebenfalls morbide vorgeführt. Kein Balken über den Augen der Betroffenen und nichts. Vor einem Millionenpublikum werden die Akten mit den Vollstreckungstiteln und Pfändungsbescheiden hervorgeholt und genau analysiert. Besonders peinlich ist es dann, wenn „unnötige Schulden" zum Vorschein kommen, wie eine Handyrechnung im hohen vierstelligen Bereich -verursacht durch 0900 Nummern- oder im Optimalfall gleich hohe Forderungen von Orion oder Beate Uhse. Dem Schuldner wird an einer Flipchart genau die Schuldsumme zusammengerechnet- samt detailgenauem Bericht über die Art der Schulden und Namen der Gläubiger. Wie verblödet (oder verzweifelt) kann man sein, um sich so vor dem Fernsehpublikum zu demütigen. Wenn der jeweilige Privatsender dann wenigstens noch die Schulden bezahlen würde, dann wäre dieses für manche Betroffene sicherlich ein „letzter Ausweg" aus der Schuldenfalle. Wenn es aber, wie bei den Talkshows, möglicherweise nur eine Mickergage in Höhe von -vielleicht- dreihundert Euro ist, dann macht dies in meinen Augen sowieso keinen Sinn. Bei derart hoher Verschuldung wären dies doch nur Tropfen auf heiße Steine. Zu allem Überfluss sind es -wie gesagt- meist unnötige Schulden. Kosten für Reitpferde oder die Monatsbeiträge für die Versicherung (Versicherter Gegenstand: „Eisbergschäden am Kreuzfahrtschiff").

Viel schlimmer finde ich jedoch die „Super Nanny". „Erziehungsexpertin" Katharina Saalfrank besucht wöchentlich irgendwelche Assifamilien, wo die Eltern -meist ebenfalls Unterschichtler- nicht mehr in der Lage sind, ihre aufsässige Brut zu bändigen. Diese Familienstreite werden dann optimal vorgetäuscht. Gerne natürlich mit lautem Geschrei, jeder Menge Zank und selbstverständlich nur in Fäkal- und Gossensprache ausgedrückt. Leider Gottes habe ich oft den Eindruck, der leicht verblödete Fernsehzuschauer merkt gar nicht, dass diese Streitgespräche nachgespielt sind, denn wenn die Super Nanny „ganz überraschend" klingelt, sind alle Familienmitglieder bereits verkabelt (siehe den Sender an der Gesäßtasche!).
Die Dialoge zwischen den verkommenen Eltern und

dem Spross, den man unter diesen Umständen durchaus als „Next Hartz 4-Generation" bezeichnen könnte, sehen meist wie folgt aus:

VATER:
„Horst-Kevin, du räumst sofort dein Zimmer auf"

HORST-KEVIN:
„Fick dich!"

VATER:
„Horst-Kevin (deutlich lauter), GEH SOFORT DEIN ZIMMER AUFRÄUMEN, SONST KNALLTS!"

HORST-KEVIN:
„Du hast mir gar nichts zu sagen. Du bist nicht mein Vater!"

VATER:
(brüllt wie ein angestochenes Schwein:) „Wenn ich dir sage, räum auf, dann räumst du gefälligst auf."

Nachdem sich diese „familieninterne Unterhaltung" ein paar Minuten hingezogen hat und man die anderen Geschwister -wie die Orgelpfeifen- im Hintergrund schreien hört, sich unter den anderen Kindern leichte Schlägereien ergeben und der Vater seinen Horst-Kevin endlich am Ohr in sein Messikinderzimmer gezogen hat, meldet sich Frau Saalfrank zu Wort: „Ich glaube, hier besteht ein kleines Kommunikationsproblem!" Das Schlimmste an der Angelegenheit: Die Millionen Zuschauer, die sich den Verblödungsmist ansehen. Aber gerade dieses Sendeformat ist (genauso wie der Schuldenberater) die beste Möglichkeit, die Nation in zwei

Lager zu teilen. Der Mittel- oder Oberschichtler, sofern sich letzterer diesen Mist überhaupt ansieht, denkt sich: „Gott sei Dank, sind wir nicht so wie die da!" und der debile Unterschichtler ruft hoch erfreut seiner Familie zu: „Kommt mal alle hier rüber zum Fernseher. Die Sippe da in der Glotze ist ja genauso wie wir!"

Wie die Lebenshilfe und Lebensberatung des Privatfernsehens aussieht, erkennt man am besten bei Sat 1 „Zwei bei Kallwass". Als dieses TV Format auf Sendung ging, wurde zunächst knapp einen Monat lang mit echten Klienten gearbeitet. Deren Familien- und Beziehungsprobleme wurden dann vor laufender Kamera mit der Dipl. Lebensberaterin Angelika Kallwass geklärt. Diese Fälle aus der Realität waren für Privatsender Sat 1 aber leider nicht genug „Zündstoff". Man änderte das Format kurzerhand und statt echten „Kandidaten" nimmt man jetzt gecastete Laienschauspieler, die frei erfundene Situationen vorspielen. Das ist höchst praktisch; hier kann man den Perversionen der Drehbuchautoren freien Lauf lassen. Von Inzestgedanken über in Stars verliebte Teenager bis hin zu den Eltern, die ihrem Kind keinen Freiraum lassen, den Ideen und Themen sind keine Grenzen gesetzt. Zum Ende der Sendung werden diese „realitätsnahen Probleme" bravourös von Frau Kallwass geklärt, im Abspann läuft der Hinweis: „Sabine hat jetzt Matthias als neuen Lebensgefährten ihrer Mutter Ute anerkannt. Die beiden verstehen sich jetzt viel besser und Sabine darf alle zwei Wochen zu ihrem leiblichen Vater Bruno fahren, der sich mit Ute wieder versöhnt hat und mit Matthias und seiner Ex-Frau ein freundschaftliches Verhältnis pflegt!" Der leicht debile Zuschauer drückt sich im Optimalfall noch eine Träne der Rührung raus, und „Friede, Freude, Eierkuchen" herrscht in Deutschlands Wohnzimmern.

Wie bereits gesagt, statt echten Fällen, handelt es sich um schlechte Laienmimen. Genau wie bei diesen nimmer endenden Gerichtsshows. Dort sind nur Richter, Staatsanwalt und Rechtsanwälte „echt". Die Angeklagten, Kläger und Zeugen sind ebenfalls -wie bei Angelika Kallwass- Laienschauspieler. Für 300 Euro wird da eben -je nach Wunsch des Drehbuchs- der eifersüchtige Freund, der Zuhälter der anschaffen gehenden Schwester, der Vergewaltiger oder der Anlagebetrüger gespielt. Auch diese Fälle sind komplett frei erfunden, wie fast unsichtbar klein im Abspann bekanntgegeben wird. Natürlich sind die meisten Fälle fern jeglicher Wahrheit. Man muss ja besonders schräge Sachverhalte verhandeln, um den gierigen Fernsehzuschauer bei Laune zu halten. Diese Art Hausfrauen-TV ist besonders interessant. Wenn man mit Barbara Salesch anfängt und mit Richter Alexander Hold aufhört, kann sich Monika durchaus ihren langweiligen Nachmittag „juristisch" gestalten, bis Horst aus der Fabrik zurück ist. Und wenn die Gnädigste mit den Gerichtssendungen nichts anfangen kann, dann kann sie sich gerne in Rosamunde Pilcher - ähnliche Seifenopern träumen und sich „Sturm der Liebe", „GZSZ", „Unter Uns" und den ganzen Beziehungskistenmüll ansehen. Wenigstens sind -im Gegensatz zu Pseudo-Krimis wie „Niedrig und Kuhnt" oder „K11-Kommissare im Einsatz" dort „richtige" Schauspieler am Werk. Dieses ganz besondere Fernsehunterhaltungsprogramm bietet eine optimale, gelungene Abwechslung zu Groschenromanen und Klatschmagazinen.

Ganz besonders unterhaltsam sind ja auch Fernsehformate wie „Die Auswanderer" oder „Mein neues Leben". Da wird beispielsweise irgendeine Familie aus Gelsenkirchen genommen, die von einer Finca in Mexiko träumt. Das Gaga-TV begleitet dann die Sippschaft bei den Plänen, beim Kofferpacken, bei der Abreise bis hin zur Ankunft im Wunschland und weiter. Nur dummerweise wissen die verblödeten Familien im Voraus meist allzuwenig von der neuen Heimat. Nachdem man sich -wie auch immer- in Mexiko einen Job als Hilfskellner und eine Bude besorgt hat, fliegt man dorthin und stellt fest, dass man weder spanisch noch portugiesisch kann. Frei nach dem Motto: „Wie, hier wird kein deutsch gesprochen?" bricht man die Pläne ab und bekommt natürlich einen Folgefernsehauftritt bei dem ebenfalls unwichtigen Format „Die Heimkehrer".

Eine besondere Art der „Lebensberatung via Mattscheibe" sind Formate wie „Die Arbeitsbeschaffer". Irgendwelche Arbeitslosen werden auf verwahrlost getrimmt und dann von dem angeblichen „Jobsucher" zu potentiellen Malochern geschleppt. Das Image des Arbeitslosen wird dadurch nicht verbessert. Um das Interesse des Fernsehzuschauers zu wecken, werden auch hier nur Extremfälle vor die Kamera gezogen. Leider wird dem wirklichen Arbeitssuchenden der Stempel aufgedrückt, alle Menschen ohne Arbeit seien zahnlos, faul, verloddert und stinken. Wenn anschließend die Gage nicht ausreicht, um für die verlorene Menschenwürde angemessen „Schmerzensgeld" bekommen zu haben, dann bleibt die Option, den Sender zu verklagen. Dies hat oftmals sogar Erfolg. Ein Beispiel hierfür ist ein Grillbudenbesitzer aus Hamburg, der im August 2008 vom Landgericht München ein Schmerzensgeld von

5.500 Euro zugesprochen bekam. Dieser aus dem Ostblock stammende Mann hatte sich freiwillig als Klient bei einer Gerichtsvollzieher-Reportage beim Sender Pro 7 beworben. Leider verschlief er den Termin mit dem Fernsehen und als das Kamerateam bei dem Klienten klingelte, trat er nur mit einer Unterhose bekleidet vor die Tür.

Diese Art, Menschen vorzuführen, wird bei den Privatsendern groß geschrieben. Wichtig ist: Der verblödete TV-Nutzer schaut zu. Dabei ist es notwendig, dass es knallt und Action stattfindet. Im Zweifelsfall wird es bezahlt. Doch leider machen es nicht nur Privatsender. Auch die öffentlich-rechtlichen Rundfunk- und Fernsehanstalten (für jene wir -wohl oder übel- Gebühren bezahlen) setzen auf Action; ganz besonders in Reportagen. Im April 2006 zeigte das ZDF in ihrer Sendung „ZDF-Reporter" eine Dokumentation über Jugendliche in Asozialenvierteln. Das ZDF-Kamerateam rückte zum Drehen im Hamburger Stadtteil Mümmelmannsberg an. Leider war auf den Straßen nicht „so viel los" wie es dem Sender Recht wäre, um Zuschauer gespannt vor die Mattscheibe zu bannen. Was ist in diesem Fall zu veranlassen? Logisch, der Redaktionsleiter macht mal kurz die Geldbörse auf und „kauft sich die gewünschte Situation". Man schnappte sich die nächstbesten Jugendlichen und gab jedem 200 Euro bar auf die Hand. Dieses sei eine kleine „Aufwandsentschädigung". Für diesen freiwilligen Obolus (sicherlich aus der Gebührenkasse entnommen!) sollten die jungen Menschen so tun, als ob sie sich prügeln würden oder Drogen verkaufen. Leider gestand ein 15-jähriger „Mitschauspieler" diese Situation, welche „Spiegel Online" mit der Sensationsschlagzeile: „Fernsehteam zahlte prügelnden Jugendlichen 200 Euro" ans Licht der Öffentlichkeit brachte.

5. Deutschland sucht ein „One-Hit-Wonder"- der deutsche Castingmüll

Deutschland ist auf der Suche. Nach allem und jedem. Unsere privaten Fernsehsender übermüllen uns mit Castingshows jeglicher Art. „Deutschland sucht den Superstar", „Germany's Next Topmodel", „The Next Uri Geller", „Das Supertalent", „Star Search" etc. Sogar Michael „Bully" Herbig bediente sich bei der Suche nach potenziellen Schauspielern für seinen Kinofilm „Wickie und die starken Männer" nicht bei irgendwelchen Produktionsfirmen oder Besetzungsbüros, sondern ließ lieber ein Casting über die Mattscheibe flimmern.

Gerade die Shows, bei denen nach neuen „Superstars" gesucht wird, sollten eher „Germany's next One-Hit-Wonder" heißen. Wo sind Bands wie „BroSis" hin? Wo sind die Helden der ersten „DSDS"- Staffeln?

Dieter Bohlen, mit der ungeschriebenen Lizenz zum Gelddrucken, begeistert im Rahmen dieser Musikcastings gerne mit lustigen, meist menschenverachtenden Sprüchen. Denn jeder Künstler -egal mit welchem Talent- hat es sicherlich nicht nötig, vor einem Millionenpublikum Kritiken zu hören wie: „Weißt Du, was der Unterschied zwischen einem Eimer Scheiße und dir ist? Der Eimer!" (Echtes Zitat: Dieter Bohlen).

Auch diese Castingshows sind eine Art „Vorführung von Menschen". Bei den Vorcastings, zu denen sich fünfzigtausend oder mehr vorstellen, wird schon mal vorgesiebt. In die TV-Castingrunden lässt man entweder die „richtigen Könner" oder die „peinlichen, blamablen Badewannenbarden". Letztere natürlich nur, um sie vor den Abermillionen Zuschauern richtig zu verarschen.

Selbst bei den Könnern sucht man sich stets ein „medientaugliches Gesicht" heraus. Hierbei handelt es sich -wie bereits genannt- eher um „One-Hit-Wonder" oder Kurzzeitpromis. Wenn man jene dann einige Jahre später beim Promikochen oder im Dschungel vorfindet, hinterlässt ein Blick auf diesen „Künstler" meist ein „Woher kenne ich den?" oder „Wo soll ich den hinstecken? -Gefühl".

Aber eines ist besonders wichtig. Anrufen, anrufen, anrufen. Voten bis die Leitung glüht. Na klar, der Zuschauer soll sich seinen „Superstar" selbst aussuchen. Immerhin ist der leidige Anrufer der spätere Kunde sämtlicher Ergüsse inklusive CD's, Konzertkarten und anderen Fanartikeln. Hierbei kann man durchaus unserer heutigen Bravojugend vertrauen. Die werden schon anrufen, wenn die Eltern gerade nicht im Raum sind. Mama und Papa werden anhand der Höhe der Telefonrechnung schon merken, dass ihr vorpubertäres Zahnspangengirlie gerade ihren Helden mitbestimmt hat, der in wenigen Wochen als Poster von der Zimmertapete grinsen wird.

6. Werbung und Call-In Shows

Die wichtigste Komponente für das Privatfernsehen ist die Werbung. Durch diese Produktvorstellungen sprudeln dem jeweiligen Sender genügend Moneten in die Taschen. Egal ob „Deutschländer-Würstchen", „Kinder-Pingui" oder „Froop-Joghurt"; Hauptsache, die Firmen zahlen gut für ihre Werbezeiten. Eigentlich ist die heutige Werbung mit ihren sinnlosen Dialogen kein

Kaufanreiz mehr. Werbung soll eigentlich das Bedürfnis wecken, sich dieses oder jenes Produkt zu kaufen. Wer aber seit Jahren sein Grillfleisch beim Kaufmann um die Ecke oder beim Metzger seines Vertrauens auf dem Wochenmarkt erwirbt, wird sich ja ab sofort nicht unbedingt die „Wiesenhof-Bruzzler-Grillwurst" holen, nur weil Dieter Bohlens Gesicht in dessen Werbeclip auftaucht. Ebenfalls wird auch Mc Donalds nicht den Umsatz in Deutschland vervielfältigen, nur weil die piepsige Heidi Klum mit ihrem blöden Scheinhumor für irgendeinen „Promiburger" wirbt.

Manchmal habe ich den Eindruck, dass man -vom werbenden Promi geblendet- gar nicht mehr weiß, welches Produkt welcher Firma überhaupt angeboten wird. Bestes Beispiel: Hape Kerkeling. Ich sehe mir leider viel zu oft diese dummbräsigen „Wolfgang-Gisela" Clips an. Aber liebe Leser, weiß einer von Ihnen auf Anhieb für welche Kaffeefirma und welches Kaffeeprodukt er eigentlich wirbt? War es „Jacobs-Cappuccino" oder „Latte Macciato von Eduscho"?
Eine zweite Haupteinnahmequelle der privaten Sender ist neben der Werbung die Teilnahme bei seltsamen Quizfragen. Vor den Werbepausen bekommt der scheinbar vollkommen verblödete Zuschauer eine derart einfache Frage gestellt, dass selbst ein Mensch der so dumm ist, dass er den Kindergarten schon wiederholen musste, diese Frage beantworten kann. Ganz egal, ob bei „Wer wird Millionär?", der „ultimativen Chartshow" oder bei einem Fußballspiel. Gerne heißt es dann: „Und heute können Sie einen Mercedes gewinnen. Beantworten Sie einfach folgende Frage: Welche Nation gewann bei der Weltmeisterschaft 2006 in Deutschland den Titel? Ist es A: Italien oder sind es B:

St.Vincent und die Grenadinen? Wenn Sie die Antwort wissen, dann rufen Sie an!" Die nachfolgend eingeblendete Telefonnummer beginnt dann in den meisten Fällen mit „0900" und wer dann anruft, hat nur fünfzig Cent verplempert. Gott sei's getrommelt und gepfiffen, rufen Millionen von Menschen an. In diesem Zusammenhang ist dann nicht nur der Benz finanziert, sondern der jeweilige Sender hat ordentlich Kohle eingefahren. Eigentlich sollte man lieber jenem Deppen den Gewinn geben, der in diesem Beispiel tatsächlich für den Inselstaat anruft statt für „Bella Italia". Diese einfachen Fragen sollen wahrlich jeden zum Anrufen motivieren. Schwierigere Fragen würden ja den Unwissenden vom Anruf abhalten. Daher lieber mal auf Kabel 1 fragen ‚in welcher amerikanischen Großstadt „Miami Vice" spielt. Und selbst wenn irgendein Volldepp im Suff versehentlich die ebenfalls angebotene Alternative „Paris" wählt - Hauptsache die Kohle für den Anruf ist drin.

Ganz anders sind die ganztägig laufenden „Quizshows", in denen ein abgehalfterter Moderator mit Viva-Potenzial einen Frauennamen mit „A" sucht oder wissen möchte, mit wie viel „T" man das Wort „Obsttorte" schreibt.
Diese Art der sogenannten „Call-In-Shows" ist ja wohl das Letzte, was man einem halbwegs normalen Zuschauer anbieten kann. Irgendwann im Laufe der „Sendung" werden dann alle 14.256 Leitungen freigeschaltet und die Anrufer dürfen dann brav beim „DSF Sportquiz" ihre Kohle lassen. Gerne schaltet man auch gekauft wirkende „Doofanrufe" durch, die einen Uhu für einen australischen Laufvogel halten, denken, ein Strom in Afrika mit drei Buchstaben sei EON und ernsthaft glauben, der Dreisatz sei eine olympische Disziplin.

7. Essen ist fertig! -diese vollkommen nervenden Kochshows

Mittlerweile reicht es wirklich. Auf nahezu jedem Sender -egal ob Privatfernsehen oder das sogenannte „öffentlich-rechtliche" Angebot- wird gekocht, gebrutzelt und gebraten. Mit oder ohne „Promiköche" wie Horst Lichter oder Johann Lafer. Zur Not veranstaltet man auf VOX halt das „perfekte Dinner", welches durchaus auch mit D-Promis durchgeführt wird, oder nimmt an der „Küchenschlacht" teil. Fakt ist, dass ein Großteil der Erdbewohner hungern. Dies kann dem Deutschen ja nicht passieren. Der Deutsche frisst sich anscheinend lieber zu Tode. Ich finde es langsam nicht mehr nur nervig, sondern auch schon langweilig, wenn ich irgendwelche Köche ertragen muss, die beim Schnibbeln von Paprika und Zwiebeln irgendwelche drittklassigen Fips-Asmussen-Witze von sich geben. Irgendwie will mir in meinem Bekanntenkreis auch niemand einfallen, der sich so etwas anguckt - geschweige denn diese vorgestellten Gerichte nachkocht.

Und nun das Fernsehfazit:

Macht Fernsehen nun wirklich „dick, dumm, traurig und gewalttätig"? Wenn es überhaupt jemanden „dick" macht, dann ist es unsere heutige Glotzjugend, die sich von morgens bis abends irgendwelche Pseudo-Kinderserien reinzieht und sich dabei tonnenweise Dosenravioli, Pizza, Döner oder Pommes mit literweise Cola in die fette Wampe schaufelt, bis abends diese Fettzellenskulptur vom Kran endlich in das Hochbett gehievt wird. Unsere Kinder werden von den Fernsehanstalten scheinbar ebenfalls als verblödet eingestuft. Gab es in den 70'er Jahren noch „Lassie" und „Flipper", folgten in den 80'er Jahren „Tom und Jerry", „He-Man" oder andere „Superheldenformate" wie „Batman" oder ähnliches. Wer sich das Geraufe zwischen Gut und Böse schon als Kind nicht ansehen konnte oder wollte, der durfte gerne zu „Schweinchen Dick", „Micky Maus und Donald Duck" oder zur „Familie Feuerstein" umschalten. Jedenfalls waren dies noch „richtige" Comicfiguren. Was wird der angeblich stupiden Jugend heute als „Comicfigur" angeboten? Sponge Bob- ein sprechender Schwamm, debile Manga-Comics oder Bernd das Brot.

„Dumm" macht das Fernsehen -wie oben bereits detailliert aufgeführt- sicherlich. Weg mit dem Bildungsfernsehen und sinnvollen, intelligenten Reportagen- aber her mit Sensationsgier und Gaga-TV. Warum sollte man nicht auch Spätnachrichten oder mitternächtliche Politdebatten durch die Wiederholung der Gerichtsshows ersetzen? „Traurig" hingegen macht Fernsehen nur, wenn man darüber nachdenkt.

Ob der Blick auf die Mattscheibe unbedingt gewalttätig macht, wagen sogar vereinzelt Experten zu bezweifeln. Zur Not schiebt man die Schuld an den weltweit passierenden Schulamokläufen auf irgendwelche Computerspiele. Ob nun tatsächlich alle „Counterstrike"-Fans automatisch zu Massenmördern werden, wage ich trotzdem zu bezweifeln. Es hat ja auch noch kein Neunjähriger seiner dreijährigen Schwester den Blinddarm rausgenommen, nur weil er eine Stunde vorher mit seiner Oma die „Schwarzwaldklinik" gesehen hat.

Zweitens: Medium Printmedien -
Papier ist halt geduldig!

Ein ebenfalls beliebtes Medium sind Printmedien- egal in welcher Form. Von Zeitungen über Klatschmagazine bis hin zu Büchern. Leider besteht auch hier der Eindruck, dass uns sämtliche Verlagshäuser entweder für doof halten oder für dumm verkaufen wollen. Man muss heutzutage nur einen Blick auf die Buchwerke werfen, welche die Bestsellerlisten anführen.

1. Was sich heute so alles
„Bestseller" nennen darf.......

Ein „Komiker", über den ich noch nie lachen konnte, namens Hans-Peter „Hape" Kerkeling nimmt sich eine kleine Auszeit und marschiert munter pilgernderweise über den Jacobsweg. Auf den ersten Eindruck ist dies sicherlich nichts Besonderes. Der Jacobsweg wird jährlich von Abertausenden abgeschritten. Nur macht unsere kleine Schwuchtel etwas anderes; sie schreibt noch ein Buch darüber mit dem Titel: „Ich bin dann mal weg!" Der debile Kerkeling-vernebelte Deutsche kauft das Buch wie blöd und verschafft Herrn Kerkeling auf Anhieb Platz 1 in der Spiegel-Bestsellerliste.
Doch damit nicht genug der gedruckten Dummheit. Charlotte Roche macht etwas ganz anderes. Sie schreibt ihren Ordinär-Bestseller „Feuchtgebiete". Wer das Buch nicht kennt, dem sei gesagt, dass es sich bei diesem Lesewerk nicht um den Regenwald handelt, sondern um Pornografie auf allerniedrigstem Niveau. Intimrasur, Intimdusche („Man nimmt den Duschkopf, schraubt den Schlauch ab und steckt sich diesen in die Muschi. Besonders das Auslaufen des Wassers macht

mich irgendwie richtig an"), Erklärung von Praktiken bis hin zu niveaulosesten, ekeligen Beschreibungen. Detailgetreu wird erklärt, wie man Sperma unter den Fingernägeln trocknet und am nächsten Tag weg kauen kann, wie man benutzte Tampons tauscht oder liest den „süßen" Dialog von der Hauptdarstellerin des Buches, der in der Schulstunde der „Sperma des Vortages aus der Vagina läuft, verbunden mit der Erinnerung an einen geilen Fick und der damit verbundenen SMS an ihren Lover mit dem Kurzwort ‚Danke'!" Von „Sex and Crime" abgestumpft, läuft der Deutsche natürlich los und kauft sich dieses Buch. Nein, nicht nur das Buch - er holt sich gleich noch das Hörbuch, die „Special-Edition" und rennt brav zu der nächstbesten Autorenlesung. Dass dieses Buch von einer Frau geschrieben wurde, kann kein Mensch glauben. Wäre Frau Roche nicht in diversen Talkshows und bei TV Total aufgetreten, so hätte man von Inhalt her durchaus denken können, „Charlotte Roche" sei ein Pseudonym und hinter dieser Dame steckt in Wirklichkeit ein dicker, sabbernder Perverser mit Glatze und Schweißgestank, der in diesem Werk seine trivialen Wunschträume von sich gibt. Ob das Buch ein ebenso erfolgreicher Bestseller geworden wäre, wenn er statt von der kleinen, attraktiven Roche wirklich von Günter Müller, dem Sabberperversen geschrieben worden wäre, wage ich mit Recht zu bezweifeln.

Ein Bestseller ist natürlich wie ein musikalischer Neutrend. Er zieht massenhaft „Nachmacher" und „Trittbrettfahrer" nach sich, die sich mal schnell von dem süßen Kuchen ein großes Stück abschneiden wollen, verbunden mit dem Wunsch, das „Eisen zu schmieden, solange es heiß ist". Dieses ist auch bei den „Feuchtgebieten" wunderbar gelungen. Ein Autorengrüppchen schrieb blitzschnell das Buch „Trockensümpfe" als Antwort auf „Feuchtgebiete" und siehe da; ein weiterer Bestseller war geboren. Zwar nicht so erfolgreich wie sein Original und Vorbild, aber das Schreiben der „Trockensümpfe" brachte für das Autorenteam doch weitaus mehr als Arbeit ein. Weitere Autoren versuchten sich in den Folgewochen ebenfalls an „sexuell, simpler Trivialkost" - weitestgehend ohne nennenswerten Erfolg.

Ein ganz besonderer Trend ist derzeit das Schreiben von Autobiografien. Jeder halbwegs D-Prominente in diesem Land versucht schnell mit seiner Lebensgeschichte noch ein paar Käufer anzulocken und die damit verbundenen Margen- und Honorareinnahmen einzustreichen. Aktuell gibt es unter anderem Autobiografien „richtiger Prominenter" wie Peter Maffay, Harald Schmidt oder Oliver Kahn; aber auch jeder weniger Prominente versucht ein bisschen Kapital aus der Autobiografienflut zu schlagen. Vor kurzem ebenfalls ein Bestseller: Marco Weiss und seine Erlebnisse in einem türkischen Gefängnis. Ob diese Tantiemen durch den Verkauf wirklich diese Erlebnisse vergessen machen, wage ich zu bezweifeln. Ich kann mir vorstellen, dass die damit eingefahrenen Kröten nicht mal als ernsthaftes Schmerzensgeld betrachtet werden können.
Aber ansonsten heißt es weiterhin: Biografien ohne Ende. Ein besonderer Bestseller war auch die Klitschko-Autobiografie „Unter Brüdern". Ach ja, in einer Gameshow wurde vor einigen Monaten nach dem Titel der Klitschko-Autobiografie gefragt, und der leicht verwirrte Kandidat antwortete mit: „Mein Kampf!". Sollte man letztgenannten Buchtitel noch einmal veröffentlichen, ich glaube, die Kriegserlebnisse des Führers

wären wenigstens bei unseren braunen Ossis in Sachsen ein Bestseller - wahrscheinlich generationenübergreifend und auf Jahrzehnte gesehen.

Aber wer möchte denn wirklich eine Autobiografie irgendwelcher B-Promis lesen; beispielsweise von Daniel Küblböck? Kann der in seinem kurzen Leben schon so viel erlebt und erfahren haben, dass man damit ein spannendes Buch füllen kann? Ein großer Erfolg bei den Autobiografien war seinerzeit übrigens das Werk von Stefan Effenberg: „Ich habe es allen gezeigt!". Stimmt, aber Fußball- und erfahrungstechnisch war in den Augen vieler Fußballexperten die Autobiografie des Fußball-Lehrers und Weltenbummlers Rudi Gutendorf („Ich bin ein bunter Hund") deutlich interessanter. Leider war dies Werk kein Bestseller. Grund hierfür: Für das heutige verblödete Deutschland fehlt eine Menge an Sex („Ich habe die Frau von Herrn Strunz gefickt und erzähle euch gerne in welchen Stellungen!"), Skandalen („Ich bin einer der wenigen, die mitten bei einer WM wegen eines Stinkefingers nach Hause geschickt wurden") und Gewalt („Rot wegen Tätlichkeit, na und ?").

Im Rahmen dieser Autobiografiewelle habe ich einige Vorschläge für weitere Werke:

Axel Schulz: „Mein Leben im Ringstaub"
Michaela Schaffrath aka Gina Wild: „Die Wahrheit über meine 50.000 Lover"
Jürgen Drews: „Peinlich aber glücklich - Wie ich mich auch mit Mitte Sechzig zum absoluten Vollhonk mache"
Lorielle London: „Aus Wolfgang mach' Gisela - Wie jeder Kerl zur Frau werden kann. Mein persönlicher Erlebnisbericht"

Auch „Literaturpäpste" wie Roger Willemsen gehen gefühlt mit ihren Ansprüchen nach unten. Scheinbar scheint jeder von der kollektiven Verblödung zu wissen. Sein Bestseller „Deutschlandreise" war eigentlich nur ein seltsamer Bericht. Der Autor fuhr mit dem Zug durch einige Städte und schrieb einfach mal auf, was er dort erlebt und gesehen hat. Ein Bestseller, den jeder Berufspendler sicherlich genauso hinbekommen hätte. Mit einem Unterschied: Weil Roger Willemsen draufsteht, wird das Buch gekauft. Hätte Lutz-Rüdiger Heidenreich -ein Tagespendler zu seiner Konservenfabrik in Hamburg- dieses Werk verfasst; es wäre wohl nicht einmal richtig zur Kenntnis genommen worden.

Na ja, wenigstens steht mein liebes Comedy- und Kabarettkollegium in den Spiegel-Bestsellerlisten gut dar. Dr. Eckart von Hirschhausen und Vince Ebert haben sich in den Bestsellerlisten gefestigt. Auch hier werden Stimmen laut, die meinen, dass Komiker als Bestseller mit Titeln wie „Die Leber wächst mit ihren Aufgaben" eigentlich der Anfang vom literarischen Ende sind.

Auf jeden Fall kann man anhand der vorhandenen Verdummungspolitik der Verlagshäuser jeden Marcel Reich-Ranicki verstehen, der den Preis für sein Lebenswerk lieber ablehnt. Welchen Wert hat es schon der „König der zur Zeit vorhandenen Autorendeppen" zu sein?

2. BILD dir deine Meinung- ein „Lügenblatt" als Stimme des Volkes

Wer liest denn schon die BILD-Zeitung? Oh, sorry. Die BILD darf sich ja seit einigen Jahren gar nicht mehr „Zeitung" nennen.

„Jede Wahrheit braucht einen Mutigen, der sie ausspricht!"- so lautet der aktuelle Werbeslogan dieses Käseblatts. Daneben so lustige Hinweise wie „Ja, meine Brüste sind gemacht!" oder die Aussage „Mama, was ist das?" bei einem daneben abgebildeten Vibrator. BILD ist die Stimme des Volkes. Abermillionen Leser holen sich jeden Tag beim Kiosk ihres Vertrauens ihre BILD-Ausgabe. Traurig ist jedoch folgende Tatsache: Die BILD hat täglich eine mehr als doppelt so hohe Auflage wie „Die Welt", taz, FAZ, Frankfurter Rundschau und Süddeutsche Zeitung zusammen.

In Zusammenhang mit dieser Wahrheit, kann man die Verblödungswünsche der Deutschen sehr gut erkennen. Mit anderen Worten: Geschichten über Besenkammerskandale von Boris Becker, höschenfreie Auftritte von Paris Hilton oder die neue Frau an der Seite Olli Kahns scheinen den Deutschen um Längen wichtiger zu sein als Fakten und Hintergrundinformationen über Politik und Wirtschaft.

BILD sprach zuerst mit einer toten Frau. Was wie ein Imageabklatsch der 70-er Jahre klingt- eine Restwahrheit ist dran. Denn Schlagzeilen wie „Mann biss Hund", „Tödlicher Unfall beim Fesselsex- Mann springt mit Kopf in Deckenventilator" oder „Selbstmord in Gefängniszelle: Gangster ohne Arme erhängt sich mit dem Kabel seines Rasierapparates" entstammen wirklich den Bildausgaben.

Der Deutsche an sich outet sich ungern als BILD-Leser. Keiner liest die BILD, aber es werden täglich 10 Millionen oder mehr Exemplare verkauft. Typisch deutsch. Eine unangenehme Wahrheit wird gerne geleugnet. Es isst ja auch keiner bei Mc Donalds, aber jeder weiß, wie es schmeckt.

Dass die BILD eher ein Witzbuch als eine ernst zu

nehmende Informationsquelle ist, erkennt man daran, dass Skandalkomiker Serdar Somuncu sogar eine erfolgreiche Lesungstournee durch Deutschland, namens „BILD LESEN" durchführte. Restlos ausverkaufte Theater sprechen hierbei eine eindeutige Sprache. Das Programm Somuncus bestand nur daraus, dass er aus der BILD vorlas, und den Inhalt lustig kommentierte. So viel dazu, wie ernst man die BILD nehmen sollte. Eine ähnliche Tour mit der Frankfurter Rundschau oder dem „Spiegel" würde wohl in diesem Rahmen nicht funktionieren.

Im Zusammenhang mit den oben bereits mehrfach angesprochenen Fakten, kann man die BILD durchaus als „Stimme des Volkes" bezeichnen. Mit BILD-Hamburg, Köln, Bremen, München etc. hat jede größere Stadt sogar ihre eigene Regional BILD. So viel nur mal am Rande zum Status dieses Klatschblattes. „Sich informieren" will sich der geneigte BILD-Leser ja schon. Aber andere Blätter wie „Die Welt" oder „taz" sind ihm zu hoch. Deshalb nimmt man die halbwitzige BILD-Ausgabe. Mit Großdrucküberschriften, gerne auch aufhetzend, will man den leicht verblödeten Leser ansprechen: „RÜBE RUNTER - Darf DIESER Kinderschänder noch leben?" oder ähnliche Schlagworte sind in Schriftgröße 634 auf dem Käseblatt zu lesen. Dazu wird noch der Kopf des Verbrechers mit Balken über den Augen gezeigt. Der ebenso aggressiv denkende Deutsche murmelt im Stillen: „Richtig so, Kopf ab mit den Kinderfickern - aber vorher noch wochenlang qualvoll foltern." und blättert schon mal seine sechzig Cent auf den Ladentisch. Natürlich macht das Erzeugnis des Axel-Springer-Verlags dem debilen Leser den Mund wässrig. Morgen, so verspricht das deutsche Publikationsorgan Nr.1, soll es die Fortsetzung über den Kindesmissbrauch und den Täter geben. Ja, BILD wird mit ihm telefonieren und mehr über seine verkorkste Kindheit erfahren. Bei dieser Gelegenheit melden sich noch Psychologen und Psychotherapeuten zu Wort, die dem simpel denkenden Deutschen nahe bringen wollen, wie aus dem netten Nachbarn ein Triebtäter wird.

Im Zusammenhang mit diesen „Versprechungen" steht Karl-Heinz natürlich vollkommen gespannt aufgrund der Fortsetzung und neuen Fakten und Hintergrundinformationen schon morgens um halb sieben beim Bäcker, schielt auf die Bildüberschrift mit der Hoffnung eine Überschrift zu lesen wie: „ES SIEGT DIE GERECHTIGKEIT. KINDERSCHÄNDER STEFAN F. (29) IM MORGENGRAUEN VOM EXEKUTIONS-KOMMANDO ERSCHOSSEN!".

Da dieses Strafmaß in Deutschland eher nicht gängig ist, muss er sich mit anderen Informationen begnügen.

3. Neue Post, Frau im Spiegel, Gala und Co- Es leben die Klatschzeitungen

Eine scheinbar unbeschreibliche Macht im verblödeten Deutschland haben die Klatschzeitungen. Statt auf Politik und Wirtschaft setzt man hierbei lieber auf aktuelle Informationen über Promis und Königshäuser. Scheinbar jedes dieser Käseblätter hat andere Informanten über den Adel und Co. Natürlich wird dies gerne mit ebenfalls BILD-ähnlichen Überschriften versehen. Ganz, egal ob es in der Ehe von Marianne und Michael kriseln könnte, oder wie gut sich doch Andrea Berg mit ihrem Mann versteht - neue Storys müssen her und die Verkaufszahlen müssen stimmen.

Es ist hierbei jedoch ein offenes Geheimnis, dass diese

Zeitschriften eher von Hausfrauen und Rentnern gelesen werden. Aber gerade die Rentner stellen auch einen Großteil der Zielgruppe diverser Klatschmedien. Immerhin sind die Privatleben vieler Volksmusikstars sehr gut ausgeschlachtet. Genau die Privatsphäre jener „Oh, wie schön ist die Heimat"-Sänger, welche Samstagabend auf allen Kanälen bei Florian Silbereisen, Andy Borg und Co. ihre Liedchen trällern. Die gelangweilte, stumpf gewordene Hausfrau und die Rentnerfraktion will natürlich bei den Songs keinen Tiefgang. Es reicht da vollkommen aus, die schöne Heimat zu besingen. Brav sitzen Millionen Deutscher samstagabends vor der Volksmusikglotze und hören sich die Titel von „schwarzbraunen Haselnüssen" und „blaublühendem Enzian" an.

Man muss ja nur das Wochenende rumkriegen, bis spätestens Montag die „Aktuelle" und andere Ergüsse der Tratschprintmedien im Handel erscheinen. Natürlich immer mit besonderen Fakten und Hintergründen. „Was ist mit Roberto Blanco's Tochter? Michael Jackson - War es Selbstmord? Wie geht es dem 139-jährigen Johannes Heesters?" Durch die Klatschzeitungen liest sich Deutschland noch dümmer, als es eh schon ist. Besonders die „Neue Post" finde ich ziemlich putzig. Da wird in großen Lettern irgendeine Sensationsmeldung über Prominente beworben, nur um ein - bis zwei Wochen später die Meldung in einer „Richtigstellung" revidieren zu müssen. Das beste Beispiel war Mitte 2009, als die Neue Post groß titelte, dass Volksmusiklegende Heino ins Pflegeheim ziehen würde. Auch hierbei musste man wenige Tage später korrigieren, dass es sich bei der angeblichen Seniorenresidenz um ein Ferienhotel handelt.

Besonders interessant in diesen Zeitschriften sind die „Was macht eigentlich dieser und jener heute?". Die Redakteure dieser „Hausfrauenkäseblätter" machen sich echt die Mühe, irgendwelche Schlagersänger längst vergangener Jahrzehnte auszugraben und aufzusuchen, nur um mitzuteilen, dass sie entweder pleite sind, anderen Berufen nachgehen müssen oder sich nur noch mit Möbelhaustingeljobs über Wasser halten können. Ganz großes Kino.

Aber mitten im Fokus stehen natürlich die Berichte über die europäischen Königshäuser. Gerne Scheinskandale oder schlecht recherchierte Hintergrundinformationen. Aber wen interessiert es denn wirklich, ob sich Prinz William beim Zitronenschnibbeln in den Finger geschnitten hat? Eigentlich doch niemanden! Diese Geschichte gewinnt natürlich einen ganz besonderen Reiz, wenn man die passende Überschrift darüber setzt: „KRONPRINZ VON ENGLAND STICHT SICH MIT OBSTMESSER BLUTIG! WAR ES EIN SUIZID-VERSUCH?". Zack, schon hat man eine Überschrift - diese setzt man selbstverständlich auf die Titelseite und los geht der Absatz des jeweiligen Lästermediums. Millionen Hausfrauen sind entsetzt über diese News in der Szene gekrönter Häupter und greifen zu dem Heftchen.

Besonders verlockend sind natürlich die Kreuzworträtsel. Aber auch hierbei setzt man lieber auf die Stars und Sternchenkost, denn es wird natürlich nicht nach einem peruanischen Staatschef der 70-er Jahre oder einem amerikanischen Wirtschaftsboss gesucht. Nein, man fragt lieber nach „Vorname des Showmasters Elstner mit fünf Buchstaben!"

Drittens: Verblödungsmedium Internet

Mittlerweile befindet sich in fast jedem Haushalt nicht nur ein Computer, sondern auch ein scheinbar unverzichtbarer Internetanschluss. Der dumme Deutsche googelt sich stundenlang durch die Welt von Bits und Bites. Natürlich schaut man als allererstes nach, was über einen selbst im Internet steht. Dieses kann durchaus eine Schocktherapie werden, wenn man Fotos von der letzten Betriebsweihnachtsfeier vorfindet, welche irgendein Arbeitskollege auf seine achtklassig wirkende „Do-It-Yourself"-Homepage ins „Newsforum" gesetzt hat.

Auf jeden Fall haben japanische Forscher kürzlich die Welt mit der Meldung erschreckt, dass Schimpansen besser mit dem Computer umgehen können als Studenten. Ob dies in erster Linie für den Langzeit- und Hauptberufsstudenten in Deutschland gilt, ist allerdings nicht definiert. Hauptsache, man findet im Internet Gratispornos wie bei „Orgasm.com" oder „youporn.com". Damit auch jeder Volltrottel und Schwachkopf sich diese Privatschlafzimmerfilme ansehen kann, besitzen solche Homepages ein ausgeklügeltes Sicherheitssystem, um minderjährige User von der visuellen Nutzung der Hechelwestern fernhalten zu können. Beim ersten Besuch dieser Heimseite findet man gleich den „Sicherheitscheck":

ARE YOU OVER 18 ? Mit den drei Auswahlmöglichkeiten: „YES", „NO" und „ENTER". Aber mal ehrlich: Welcher Jugendliche lässt sich hiervon abschrecken? Man drückt auf „ENTER" und kann sich die nicht jugendfreie Kost reinziehen.

Das Internet als vollkommenes Verblödungsmedium. Der angeblich überschlaue Internetuser lässt sich bei jeder Gelegenheit von zahllosen Trickbetrügern verarschen. Wie oft kam es denn schon vor, dass irgendein Bieter bei „Ebay" statt dem angeblichen Mercedes S-Klasse für 24 Euro nur einen Ersatzreifen bekam? Als erstes müsste man doch davon ausgehen, dass kein normaler Mensch diese Luxuskarre für eine Handvoll Euros vertickt. Natürlich ist ein großes Bild des roten Sportwagens abgebildet. Aber in dem unendlich langen Text darunter wird deutlich darauf hingewiesen, dass man nur auf einen Ersatzreifen für diesen via Foto dargestellten Fahrzeugtyp bietet. Der leicht debile Deutsche, der sich von Haus aus gerne verblöden und verarschen lässt, sieht nur folgendes: „Schönes Auto - und so billig - sofort auf 24 Euro und „Sofortkauf" klicken". Wenn dann nach drei bis vier Werktagen endlich der Ersatzreifen zugesendet wird, dann ist der Schock groß und man will gleich den Anbieter verklagen. Als erstes schreibt man ihm eine schlechte Kritik und bezeichnet ihn als Betrüger. Aber mal logisch gedacht: Hätte man als Käufer dieses Reifens nicht misstrauisch werden können, wenn der Verkäufer des „Autos" nur 6,90 Euro für Porto und Versand in Rechnung stellt? Wie will man ernsthaft diesen Luxusschlitten für jenen leicht erschwinglichen Portokurs von Konstanz nach Kiel senden?

Mit einer kleinen Mail sendet der Verkäufer dem „angeblich geprellten Kunden" den Text seines Angebots von der Homepage zu. Dieser wütet zwar noch vor sich hin, sieht sich aber leider dazu gezwungen, von einer Strafanzeige bei der Polizei oder dem Gang zum Rechtsanwalt abzusehen, weil er sich dort in der Gefahr sieht, sich den „Goldenen Blödmann am Bande" als Gütesiegel abzuholen. Auf jeden Fall wäre dieser Dummie auf Jahre die Lachnummer im Polizeipräsidium oder der Anwaltskanzlei.

Aber in vielen Fällen ist der Verkäufer ein besonders begünstigter Mensch. Oftmals bekommt er für seine Ware deutlich mehr Geld, als wenn er diese auf dem Flohmarkt veräußern würde. Und mit deutlich mehr Geld meine ich Hunderte von Euros und kein „Handgeld". Sicherlich wundert es einen Verkäufer, wenn er für einen einfachen „Stick", der eigentlich nur einen Zehner wert ist, zweihundert Euro überwiesen bekommt, weil der Käufer ernsthaft glaubte, er bietet auf den ganzen Laptop.

Es gab wirklich bei Ebay schon Kunden, die einen 50 Euro Gutschein von der Firma Ikea für 64 Euro erfolgreich ersteigert haben.

Viertens: Computerspiele - Züchten wir nun wirklich Amokläufer heran?

Computerspiele gibt es schon seit Mitte der 80-er Jahre - oder vielleicht noch früher. Sei es der legendäre Atari oder Amiga Commodore, sei es der Gameboy in putziger Vierfarbgrafik oder der Super Nintendo. Spiele jeglicher Art gehören irgendwie dazu. Natürlich gibt es nicht nur Fußball, Tennis oder seinerzeit das „Glücksrad" als Videospiel. Nein, es gibt halt auch die sogenannten „Ballerspiele". Der Gamer verkörpert dann halt einen Ritter der die Prinzessin befreien muss oder einen Soldaten - oder was auch immer. In diesem Zusammenhang geht es halt nicht unbedingt gewaltfrei zu. Egal ob man als besagter Ritter nun Phantasiefiguren wie Drachen oder Kobolde zerstören muss oder als Soldat die feindliche Armee erschießen. Der technische Fortschritt führt natürlich dazu, dass diese Spiele immer realer werden. Selbst bei den Fußballgames kann man den kleinen Spieler bei genauem Hinblick als Michael Ballack oder David Beckham erkennen. Aber auch die „Killerspiele" werden immer realer, samt Blutspritzern und abgeschossenen Körperteilen. Offen bleibt jedoch nur die Frage, ob ein PC-Spiel alleine dazu führen kann, dass ein siebzehnjähriger Schüler die ganze Klasse -inklusive letztendlich sich selbst- in einem Blutbad hinrichtet. Jugendschützer und Politiker schlagen Alarm und rufen laut „Jawohl". „Counterstrike" und Co. machen aus dem harmlosen Bubi einen knallharten Massenmörder, der das Spiel angeblich mit der realen Welt verwechselt.

Allein die Schuld auf das Computerspielmedium herabzusubtrahieren ist wohl ein bisschen einfach. Haben die Kinder nicht früher auch „Räuber und Gendarm" oder „Ritter" gespielt und mit Knallplätzchen herum gefeuert. Auch das -so oft gehörte- „man zielt auch mit einer Spielzeugpistole nicht auf lebende Menschen" - wurde im Regelfall vom Sprössling missachtet. Der „Erschossene" warf sich kurz hin, nur um Sekunden später wieder im „Krieg" mitzumachen.
Ich glaube, dass dieser „Nahrealismus" deutlich gefährlicher sein kann als irgendwie Computergames, wo im „schlimmsten Fall" zum Schluss „Game Over" steht und man den Rechner abstellt. Selbst auf den Abschiedsbriefen jugendlicher Massenmörder waren eher Einsamkeit oder verpfuschte Jugend als Grund für den Amoklauf angegeben. Es stand (laut Medienberichten, oh Wunder!) in keinem der Briefe: „Hallo Mutti, ich habe gestern auf dem PC ein geiles Amokspiel gezockt. Ich möchte nur kurz mal austesten, ob dies in meiner lokalen Hauptschule genauso gut funktioniert!"

Und zum Schluss des ersten Kapitels
das Medienfazit !

Ja, man kann es eigentlich unterschreiben. Die Medien, egal ob Fernsehen, Literatur, Klatschpresse oder Internet, wollen uns für dumm verkaufen. Die angesprochenen Wiederholungen von Talkshows und Gerichtssendungen im Mitternachts-TV sind wichtiger als journalistische Ergüsse.

Egal was im Doof-TV präsentiert wird. Es ist ja nur ein Film, selbst wenn es sich um verwahrloste Menschen in Altenheimen oder misshandelte Kinder in Nonnenkinderheimen handelt. Hauptsache Deutschland besiegt im Anschluss Aserbaidschan in der WM Qualifikation.

Amen!

Kapitel 2:
„No future Generation"
Unsere verblödete Jugend

Die Jugend von heute - ein Streitthema jeder Generation. Irgendwie scheint das, was aktuell gerade heranwächst, der älteren Generation nie wirklich zu passen. Neue Trends und neue Mode; ja allgemein neues, bis dato nicht da gewesenes (Sozial-) Verhalten lassen betagtere Personen erschrecken und zu einer „Grundhetze" gegen die neue Generation motivieren.

Aber ist unsere heutige (deutsche) Jugend wirklich so schlimm, wie sie in den Medien dargestellt wird? Sind die „Familienväter" von morgen wirklich strunzdoofe, versoffene potenzielle Kriminelle? Fakten und Aussagen über unsere -angeblich vollkommen verblödete-Jugend sollten Anlass geben, mal einen realistischen Blick auf jenes zu werfen, was im Optimalfall „morgen" unsere Rente einbezahlen soll.

1. Die „No-future Generation" und die Arbeitsmoral

Arbeit ist in Deutschland ziemlich knapp; um nicht zu sagen wir haben eine sehr hohe Arbeitslosenquote. Macht aber nichts, denn die genannte „No-future Generation" hat scheinbar sowieso „keinen Bock", ins Berufsleben einzusteigen. Frei nach dem Motto „Ein Arbeitstag verkürzt das Leben um acht Stunden" fügt man sich gerne in den Strudel von Arbeitslosigkeit und Arbeitsbeschaffungsmaßnahme ein. Ein Freund von mir ist Lehrer beim „berufsvorbereitenden Jahr". Diese Schulform ist sozusagen ein Sammelbecken für Arbeitsscheue, Lehrstellen- und Schulabbrecher sowie hoffnungslose Fälle wie Haupt- und Sonderschüler.

Wenn dieser angesprochene Freund seine Schüler in einer Unterrichtsstunde fragt, was sie beruflich machen möchten, hört er häufig nur das Schlagwort: „Hartz-4!"

Leider Gottes haben sich anscheinend sehr viele Jugendliche mit der bitteren Realität abgefunden, dem Staat lebenslang freiwillig auf der Tasche zu liegen. Diese Art der jungen Menschen machen das „soziale Netz in Deutschland" gerne zur „sozialen Hängematte". Immerhin kann man auch mit Hartz 4 und Elterngeld ein gesichertes Leben in einem scheinbar sozialen Rahmen führen. Zu allem Überfluss war nicht jeder, der aus dem Rahmen fällt auch vorher im Bilde. Denn selbst wenn es mal knapp wird mit Hartz 4 und Elterngeld, dann kann man ja sich immer noch zu „Elf Uhr Britt" oder Oliver Geissen in eine Talkshow setzen, und einen kleinen Nebenverdienst einstreichen. Besonders „kluge" Menschen geben dann ihre Einstellung zur Arbeit öffentlich bekannt oder erzählen im Optimalfall gleich offen und ehrlich, wie man die Behörden und Ämter bestmöglich bescheißen kann.

Doch wer ist letztendlich Schuld an der Arbeitseinstellung der „No future Generation"? Ist es der Staat oder die Allgemeinheit? Möglicherweise deswegen, weil wir der heranwachsenden Jugend nicht genug Lehrstellen anbieten können? Ich glaube nicht, denn wer sich einmal aktueller Statistiken bedient, der wird schnell herausfinden, dass die Zahl der Lehrstellenabbrecher jährlich steigt. Aus einem möglicherweise arbeitsscheuen Elternhaus stammend -dementsprechend antiautoritär erzogen-, fällt es diesen Jugendlichen schwer, sich in ein Betriebsgefüge erfolgreich eingliedern zu können.

Man kriegt Anweisungen, lässt sich jedoch von Haus aus nichts sagen, und verliert dann die Lust, diesen Beruf zu erlernen. Stattdessen wird man lieber „gelernter Frührentner" und holt sich gleich nach Erhalt des Abschluss- (oder Abgangs-) Zeugnisses einen Antrag auf „Arbeitslosengeld 2". Diese Malocheallergiker bleiben dann lieber zu Hause in einer aus Staatsgeldern finanzierten Wohnung und gammeln vor sich hin. Das Aufstehen -gerne auch gegen Mittag oder später- ist dann die schwierigste Arbeit. Das Positive an der Sache: Direkt nach dem Aufstehen hat man quasi auch Feierabend. Dann kann man sich vor die Glotze hocken oder Computerspiele zocken. Nachmittags oder abends trifft man sich dann zum Alkoholkonsum mit Kumpels im Stadtpark. Dieses kollektive Rumhängen nennt sich heute -sehr elegant in Anglizismen gepackt- „chillen". Früher nannte man dieses Verhalten „langweilen"; aber man braucht heutzutage für alles eine englische Bezeichnung.

„Arbeit ist Scheiße"- als Credo und Wahlspruch ist scheinbar das Lebensmotto dieser heranwachsenden Generation geworden, welche scheinbar nicht mal weiß wie man eine Sitzbank bedient. Ich sehe im Stadtpark leider regelmäßig Jugendliche, die auf der Lehne sitzen, mit den Füssen auf der Sitzfläche. Auf Schule und Lernen „null Bock", holt man dementsprechend schlechte Noten samt schlechtem Schulabschluss und dann klappt's auch mit der Karriere als „Diplom-Arbeitsloser" bis zum Rentenalter. „Leistung" ist für die heutige Jugend leider etwas, was sie eher von anderen erwartet. Wenn man sie auf die Vokabel „Leistung" anspricht, dann wird nicht gefragt welche, man erbringen soll, sondern wo man sie beantragen kann.

Wer über diese Zeilen lachen kann, der soll bitte Folgendes bedenken: Diese Jugend soll eines Tages unsere Rente bezahlen; ich glaube eher, wir bezahlen deren Knastaufenthalt.

Schule stört bei der Entwicklung. Man findet die „Penne" oder den „Bildungsschuppen" „uncool" und verblödet freiwillig. Hauptsache, man weiß wo man „Hartz 4" und Elterngeld beantragen kann. Ich habe mit vielen Betrieben gesprochen, und leider ist es auch dort oftmals die einstimmige Meinung, dass die „Jugend von heute" nicht arbeiten will. Ich kenne sogar Betriebe, die trotz vorhandener Kapazitäten keine Auszubildenden mehr einstellen, weil es zu häufig vorkam, dass die Lehre schon nach wenigen Wochen wieder fallengelassen wurde.

Eine gute Einnahmequelle für die „No-future Generation" ist übrigens auch der Bezug von Kindergeld. Deswegen kann man ja in der Zeit der nimmer enden wollenden Arbeitslosigkeit auch gleich ein „paar Kinder ansetzen". So kommt auch Kohle rein. In diesem Zusammenhang kann man auch gleich der nächsten Generation Vollversagern diese Arbeitseinstellung vorleben. Wie sollen die Kinder in Zukunft denn in den Arbeitsmarkt eingegliedert werden, wenn ihnen das Rumgammeln in Elternhaus vorgelebt wird? Wenn alles schief läuft, dann bekommt man noch weitere Fernsehauftritte bei der „Super-Nanny" oder dem „Schuldenberater". Zukunftslos Kinder in die Welt setzen finde ich überaus verantwortungslos. Dieses Verhalten gibt es nicht einmal im Tierreich. Würde ich diese Familien mit Ratten vergleichen, dann würde ich den Nagern ziemlich Unrecht tun. Ratten vermehren sich wenigstens nicht, wenn der Lebensraum für die Jungtiere nicht gesichert wirkt oder nicht genügend zu fressen da ist.

Verantwortung ist neben „Arbeiten gehen" scheinbar auch ein Fremdwort für eine Generation, die sich ihrem Schicksal fügt, ohne sich dagegen anzustemmen. Wo ist das „normale Familienleben" geblieben? In der Zeit der „Null-Bock-Fraktion" gilt es als Familienfürsorge, wenn die faulen Eltern auf dem Sofa ihrem Kind fünf Euro für das Mittagessen -also Döner und Cola- mitgeben.

2. Die „No-future Generation" und ihr Benehmen

Gerade ältere Leute ärgern sich über das mangelnde Benehmen der Jugendlichen. Aber hierzu muss auch gesagt werden, dass jede Generation ihren Nachfolgern nicht gerade eine positive Zukunft attestiert. Sei es in den 60-er Jahren die verteufelte Beatmusik, seien es später die Hippies und Gammler. Aber aus den allermeisten sind irgendwann normale, integrierte Familienväter geworden.

Das Benehmen der Jugend von heute ist nicht zu ertragen. In wilder Zerstörungswut wird alles demoliert was nur ansatzweise möglich ist. Der erste Vorsitzende meines Ortsfußballvereins hat vor einigen Monaten gesagt, dass das Vereinsheim nicht mehr für den „achtzehnten Geburtstag" oder ähnliches vermietet wird. „Man ist doch keine Bumsbude hier". Natürlich muss man Verständnis dafür aufbringen, wenn die Vereinsmitglieder keine Lust haben, am Tag nach den Feierlichkeiten benutzte Kondome oder kiloweise Glasscherben zu entsorgen.

Wer diese Tatsache eher auf Jugendliche aus sozial schwächeren Familien oder niederen Schulformen reduziert, dem muss gesagt werden, dass ich fast täglich auf Hallenbesitzer oder -pächter treffe, die ihre Lokalitäten unter dem Vorwand des starken Zuwachses von Vandalismus nicht mal mehr an Gymnasien für Abiturfeiern vermieten. Selbst in dieser angeblich gebildeten Personengruppe sind genügend Jugendliche und junge Erwachsene vorhanden, die aus lauter Lust und Freude nicht nur Gläser und Flaschen zerstören, sondern ganze Spülkästen und Toilettendeckel und -brillen aus der Wand reißen. Wozu solches Verhalten gut sein soll, ist den meisten Menschen leider unerklärlich. Keine Halle und auch kein Schützenhaus haben Interesse daran nach einer Abifeier die ganze Lokalität zu sanieren.

Zu den Hobbys der Jugendlichen zählt auch das Anpöbeln von Mitmenschen. Mittlerweile haben die Jugendlichen sogar eine eigene Sprache entwickelt. Vor einiger Zeit wurde bei Langenscheidt sogar ein Wörterbuch: „Deutsch-Jugendsprache, Jugendsprache-Deutsch" veröffentlicht. Dieses Lesewerk ist sicherlich hilfreich, wenn sich Opa wieder mal mit seinen Enkeln unterhalten möchte. Die „Jugend von heute" drückt sich halt anders aus. Das Solarium heißt „Münzmallorca" oder „Tussitoaster", ein Rollator für ältere Menschen ist ein „Hackenporsche", beim „Restaurant Zur Goldenen Möwe"; vielen auch als Mc Donalds bekannt, gibt es in den Hamburgern keine Frikadellen sondern „Presskühe", und einen notorischen Schnorrer nennt man „Freibiergesicht".

Wenn es für diese Jugend keine Alternative als eine neue Sprache gibt, dann sollen sie bitte diese ausschließlich untereinander verwenden, aber bitte keinesfalls auf ihre älteren Mitmenschen übertragen wollen. Ich persönlich wusste kürzlich nicht, dass der Jugendliche in der Stadt auf die Frage nach dem „Tachostand des Zeiteisens" eigentlich nur wissen wollte, wie spät es ist.

3. Die „No-future-Generation"
und ihr Alkoholkonsum

Eine ganz besondere Lieblingsbeschäftigung der Jugend von heute ist der Alkoholkonsum. Man trifft sich fröhlich bei Kumpels zu Hause, im besagten Stadtpark oder einer Kneipe oder Discothek zum kollektiven Besäufnis. Gelegentliche Todesopfer wie vor einigen Monaten der Jugendliche, der sich gemeinsam mit dem Wirt an fünfunddreißig Tequilas tot soff, werden in Kauf genommen, oder im Optimalfall werden die Todesopfer vielleicht noch als Helden gefeiert.

Meine Mutter hat mir immer gesagt, dass Alkohol keine Probleme löst. Die Jugend denkt sich: „Mag stimmen, das tut Milch aber auch nicht" und frönt weiter dem Hobby „Druckbetankung". Dies geschieht gerne auch in den Disziplinen: Frustsaufen, Flatratesaufen und Komasaufen. Ich persönlich kenne sogar Jugendliche, die waren Samstagabend um 22:00 Uhr derart betrunken, dass sie nicht einmal mehr ihren Löffel über die Kerze halten konnten.

Ich kenne sogar Jugendliche, die konnten zum Geburtstag mit ihrer Restfahne die Kerzen wieder anblasen.

Eigentlich sollten halbwegs kluge Eltern merken, dass sie belogen werden, wenn der siebzehnjährige Filius nachts um halb eins mit zwei Wodkaflaschen unter dem Arm zu seinem besten Kumpel geht um angeblich Mathematik zu üben.

Alkohol ist ziemlich „in" bei der heutigen Jugend. In jeder Stadt gibt es kaum einen Lokalanzeiger oder sogenannten „Partyguide", in dem nicht irgendwelche Jugendlichen wie die Ölgötzen mit Flaschen in der Hand stolz für die Kamera posieren. „Saufen ist Urlaub im

Kopf" und die „No-future Generation" begibt sich in diesem Zusammenhang gerne auf Weltreise.

In diesem Zusammenhang muss man schon zugeben, dass jede Generation ihre eigene „Modedroge" hatte.

4. Die „No-future-Generation" und die Bildung

Kurz gesagt: Die PISA Studie hat uns gezeigt, dass sich die Jugendlichen von heute am Bildungsbuffet nicht gerade den Teller vollgeknallt haben. Das beste Beispiel hierfür ist mein Kumpel Ralli. Der ist bekloppt wie ein Schnitzel. Er ist der einzige, den ich kenne, der schon in der Grundschule mit dem Mofa kommen durfte. Aufgrund seiner schulischen Fähigkeiten mussten ihn die Lehrer in der vierten Klasse schon mit „Sie" anreden.

Ralli ist nur sieben Jahre zur Schule gegangen. Der kann nicht mal seinen Namen schreiben. Er kann nur drei Kreuze machen. Ich habe ihm seither immer gesagt: „Ralli, Bildung ist wichtig. Geh doch noch einmal sieben Jahre zur Abendschule. Dann kannst du sechs Kreuze machen, und bist wenigstens mal in der Lage einen Lottoschein auszufüllen!"

Ansonsten ist Ralli ein Mensch, der sich über alles beklagen kann. Selbst wenn er wie üblich von März bis Oktober sinnlos und faul im Schrebergarten seiner Eltern in der Hängematte liegt, kommen noch Klagen wie „Oh, die Luft raubt mir die Kraft".

Aber nicht nur Ralli ist dumm, nein, auch ein Großteil der Jugendlichen hinkt dem europäischen Bildungsniveau hinterher. Besonders in den Naturwissenschaften ist Deutschland im Vergleich zu anderen Nationen unterdurchschnittlich. Gerade im Chemieunterricht wundern sich viele Jugendliche, dass man in Reagenzgläser etwas anderes füllen kann als Wodka. Was viele auch nicht wissen, ist die Tatsache, dass PISA eine Abkürzung ist. PISA bedeutet im Übrigen: PULLE IST SCHON ALLE.

Vielen Lehrern ist in der Schule schon aufgefallen, dass es heutzutage Schüler gibt, die so dumm sind, dass sie beim Spicken bei der Klassenarbeit sogar den Namen des Nebenmannes mit abschreiben. Trotzdem bin ich der Auffassung, dass man die Dummheit der „No-future-Generation" nicht alleine auf eine mögliche Unfähigkeit der Lehrkräfte abschieben kann. Aber mal ernsthaft: Wer will in der heutigen Zeit bei dieser Art der Heranwachsenden noch als Lehrer arbeiten? Es setzt ein stetiger Lehrermangel ein. Lehrer war vor Jahren noch ein angesehener Beruf, und heute ist Lehramt der einzige Studienzweig, wo man zur Promotionsurkunde den Taxischein dazubekommt. Die Meinung der Jugend von heute ist anscheinend: Lehrer sind Vorbilder - und Bilder hängt man auf!

Auch die vieldiskutierte Abschaffung der Hauptschule und die damit verbundene Einführung einer Gesamtschule ist hierbei keine optimale Lösung. Doof bleibt Doof! Da nützt es wenig wenn man Jugendliche verschiedensten Bildungsniveaus in einem Raum unterrichtet. Angeblich hat die Hauptschule einen schlechten Ruf. Aber die dort vorhandenen Dummbatzen und Faulpelze haben auch keine besseren Zukunftsaussichten, wenn man sie mit möglichen potenziellen Nobelpreisträgern in eine Klasse setzt. Der schlechte Leumund der Hauptschule ist ja soweit präsent, dass die meisten Betriebe schon in ihre Stellenanzeigen „mindestens einen Realschulabschluss" als Voraussetzung für den Erhalt einer Ausbildungsstelle eintragen. Die allgemeinen Statistiken sollen diesen Vorurteilen leider Recht geben. Denn die bereits angesprochenen Hauptschüler stellen einen Großteil der Lehrstellenabbrecher dar. Grund hierfür sind angeblich „mangelndes Grundwissen" und „fehlende Motivation". Man könnte wirklich den Eindruck gewinnen, auf den heutigen Hauptschulen sitzt nur der aktuelle Bodensatz der Gesellschaft. Dementsprechend zeugen auch andere Statistiken von der Wahrheit diverser -latent vorhandener- Vorurteile. Hauptschüler sind demnach deutlich anfälliger für Alkohol und Drogen und haben früher Vorstrafen als gleichaltrige Realschüler oder Gymnasiasten.

Was ist also zu tun, wenn man die vorhandene -möglicherweise steigende- Dummheit bekämpfen will? Ob eine Ganztagsschule Sinn macht den Verblödungsopfern wenigstens das Grundwissen einzupauken, damit wir im kontinentalen Vergleich nicht als totale Blödmänner dastehen?

5. Die „No-future Generation" und ihr Modegeschmack

Jedes Jahrzehnt und jede Zeit hat ihren eigenen Modegeschmack. Angefangen von der Frisur bis runter zu den Schuhen. Natürlich stieß die jeweilige Modekultur bei den älteren Generationen in den seltensten Fällen auf Verständnis. Seien es die Pilzköpfe der 60-er Jahre oder die Hippiefrisur eine Dekade später. Nicht jeder konnte sich mit Koteletten und Schlaghosen anfreunden.

Heutzutage sieht der Modetrend völlig anders aus. Der heutige männliche Jugendliche kleidet sich standesgemäß albern. Er trägt Schlabberhemden, viel zu große Hosen ohne Gürtel, die bis in die Kniekehlen hängen, gut sichtbar die Boxershorts - gerne auch mit Motiven wie „Sponge Bob" und Turnschuhe ohne Schnürsenkel. Das Gesamtbild sieht aus wie von der Lumpensammlung eingekleidet. Volljährige männliche Heranwachsende kommen irgendwann auf die urkomische Idee, sich chinesische Symbole und Ornamente gut sichtbar auf die Halsseite tätowieren zu lassen. Zu dem Zeitpunkt sind die Hirnwindungen scheinbar nicht intensiv ausgeprägt um darüber nachzudenken, dass man mit solchem Halsschmuck selten einen Arbeitsplatz mit Kundenverkehr bekommt. Als Alternative zum angesprochenen Hartz-4-Empfänger auf Lebenszeit können die besagten Kerle höchstens noch im Handyladen oder in einem Fachhandel für Unterhaltungselektronik wie Play-Station-Geschäften arbeiten.

Das weibliche Pendant erinnert von der Optik der Kleidungsauswahl eher einer bulgarischen Wohnwagennutte. Ein bauchfreies Top, eine Hüfthose mit rückseitigem Blick auf die KIK-Höschen, die den Eindruck vermitteln sie werden gerade vom Hintern aufgefressen. Zu allem Überfluss sind alle sichtbaren Körperregionen mit Blitzableitern zugetackert. Im Gegensatz zu den Herren tätowieren sie sich nicht am Hals, sondern gut sichtbar über dem Hinterteil. Dieses Steißtattoo -auch als Arschgeweih bekannt- sieht mit zunehmendem Alters höchstens peinlich aus. Ich denke jetzt schon an die Zivildienstleistenden in sechzig oder siebzig Jahren, die dann auf zahllose „Schlampenstempel" ihrer Altenheimbewohner schauen müssen, wenn sie ihnen den Hintern abwischen.
Zu diesem Modetrend gehört auch dazu, dass man mit Handys und I-Pods bewaffnet durch die Stadt zieht und kollektiv herumlungert.

6. Die „No-future-Generation" und ihre Vorbilder

Jeder Mensch hat sicherlich Vorbilder. Manche Menschen suchen ihre Vorbilder in der eigenen Familie; sei es der Vater oder Großvater aufgrund irgendwelcher Eigenschaften. Andere wiederum suchen sich Vorbilder im Sport oder Showgeschäft und versuchen diesen dann möglicherweise nachzueifern. Vor einigen Jahren waren dieses sicherlich noch ehrbare Vorbilder. Ob man nun in den 60-er Jahren Paul McCartney Fan war, eine Beatband gründete und von einer Musikkarriere träumte, in den 70-er Jahren Franz Beckenbauer verehrte und in Gedanken auch mal Fußballweltmeister wurde, in den 80-er Jahren sich aufgrund der Tenniswunderkinder Boris Becker oder Steffi Graf schon im Wimbledonfinale sah oder in den 90-er Jahren - von Michael Schumacher inspiriert - über eine mögliche Formel-Eins Karriere nachdachte - es waren immer angesehene Vorbilder. Auch politische Vorbilder konnten früher Menschen beeindrucken. In Sachsen gibt es viele Jugendliche, die politische Vorbilder haben, nur leider beschränken sich diese tendenziell eher auf Adolf Hitler!

Die heutigen „Vorbilder" kann man eher als Schande bezeichnen. Wenn man in die heutigen Kinderzimmern der Jugendlichen blickt, dann schaut man schon öfter mal auf ein Kurt-Cobain-Poster, auf welchem er sich gerade eine Schrotflinte in den Mund steckt.
Offen bleibt hierbei die Frage, ob es wirklich not tut, dass das eigene Kind einen geisteskranken, drogensüchtigen Selbstmörder vergöttert. Auch Prominente wie Amy Winehose oder Pete Doherty gelten für viele Jugendliche -leider- als Vorbilder. (Beide haben im Übrigen sehr hohe Fixkosten!)

7. Die „No-future-Generation" und der Sport

Der Begriff „Sport" kann unterschiedlich definiert werden. Wenn man dem TV-Programm des Deutschen Sportfernsehen -kurz DSF- aufgrund ihrer themenbezogenen Ausstrah lungen Glauben schenkt, dann zählen auch Dart, Billard und Poker zum Sport. Für die versoffene, jugendliche Meute sicherlich gar nicht schlecht, zumal diese Sportarten in der Wahlheimat vieler Jugendlicher ausgeübt werden - nämlich der Kneipe!

Das einzige Positive hierbei: In Zukunft werden wir in den besagten Trinkhallensportarten weltweit sehr weit vorne stehen. Eines Tages werden wir vielleicht gar keine Fußballweltmeister mehr bejubeln, sondern fahren zum Flughafen um Horst-Kevin Lindtmüller zu begrüßen, der in einem Bumslokal im englischen Asozialen viertel sturzbetrunken seinen Landsmann und Titelverteidiger mit Migrationshintergrund Abdullah Özdemir bezwang. Disziplin: Moderner Dreikampf: Dart, Billard und Komasaufen! Sein Pokal, eine Wodkaflasche aus reinem Gold, wird gerichtlich gepfändet, beim Juwelier eingeschmolzen und verkauft. Die Einnahmen durch diese Edelmetallveräußerung werden als Nebenverdienst auf sein Arbeitslosengeld angerechnet.

Zu allem Überfluss zählt auch das tagelange Daddeln des Play-Station-Spiels „FIFA Fußball 2010" nicht wirklich zu sportlicher Betätigung.

Kapitel 3:
Der gekaufte Sieg!
Wie wir selbst im Sport für
dumm verkauft werden ...

1. Von gedopten Radfahrern, geschobenen Boxkämpfen und Schiri Hoyzer

Der Sport an sich war noch vor einigen Jahren ein scheinbar ehrlicher Wettkampf zwischen sportlichen Protagonisten diverser Disziplinen. Doch mittlerweile werden wir sogar von den Fußballern, Leichtathleten und Co. vollkommen für dumm verkauft. Siege, Weiten und Zeiten werden entweder gekauft oder je nach Belieben zurecht gedopt. Was war denn mit unseren ach so tollen Fahrradfahrern auf der Tour de France? Die einzige Flüssigkeit ohne Doping war scheinbar das Kettenöl. Es ist ja kein Wunder, dass diesmal wenigstens einige Deutsche sagen: „Warum soll ich mir die Tour de France angucken, mit den ganzen radelnden Medikamentenschränken?" Wer aber hartgesottener Fan des Radsports ist, der schaut sich dies trotzdem an. Der verblödete Deutsche zog ja keine Bilanz aus den ganzen Dopinggeständnissen im letzten Jahr. Gerne wurden die auch unter Tränen serviert. Sollten wir denn ernsthaft noch Mitleid mit diesen Betrügern haben? Wer soll denn in Zukunft dieses traditionelle Radrennen gewinnen? Der mit dem modernsten Hausarzt etwa? Man könnte sogar den Eindruck haben, man kann die Gedopten von den Ungedopten auf Anhieb unterscheiden. Die Ungedopten hatten kein Fahrrad!

Es gab sogar vereinzelte Radprofis, die sich Tattoos stechen ließen, damit sie dort ihr Doping rein spritzen konnten. Scheinbar vollkommen unbemerkt - zumindest eine Zeit lang.

Doch es ist ja nicht nur der Radsport. Sogar beim Pferderennen waren einige Rösser scheinbar gedopt. Warum derart viele Menschen den Pferdesport mögen, wundert mich sehr. Sei es Dressur oder Springreiten. Man sollte lieber mal hinter die Kulissen gucken, unter welchen unmenschlichen und unnatürlichen Maßnahmen die edlen Zossen das Springen lernen. Man muss kein Zoologe sein, um nicht zu wissen, dass das Springen über meterhohe Hürden nicht der Natur eines Pferdes entspricht.

Eine weitere Sportart, in der zwar zur Zeit aber dutzende von Weltrekorden eingefahren werden, nur um sie möglicherweise im nächsten Jahr zum Großteil zu annullieren, ist der Schwimmsport. Ein amerikanischer Bademodenhersteller „erfand" rein zufällig einen Schwimmanzug, der den Leistungssportler „schneller" machen soll. Ja, genau das - und dazu noch ohne Training und Doping. Wir haben es bei der Schwimmweltmeisterschaft gesehen. Hier ein Weltrekord und dort noch einer. Inzwischen sind diverse dieser Anzüge von der „Erlaubnisliste" gestrichen. Es gibt sogar Schwimmbäder, in denen diese Anzüge nicht mehr verwendet werden dürfen. Dieses kann ich persönlich nicht nachvollziehen. Letztendlich ist es doch egal, in welchem Badeanzug die Hobbywasserratte in der lokalen Bade(irren)anstalt ihre freiwilligen Runden dreht. Wie kann ein Schwimmanzug in einem Hallenbad verboten sein? Früher gab es nur zwei Dinge, die in einem Hallen- oder Freibad verboten waren:
1. Nicht vom Beckenrand springen
2. Nicht in das Wärmebecken pinkeln

Fußball ist ein Spiel mit 22 Kickern, zwei Toren, einem Ball - das Spiel dauert 90 Minuten und am Ende gewinnen immer die Deutschen. So die Worte des legendären englischen Nationalspielers Gary Lineker. Das mag ja auf den ersten Blick stimmen, aber heutzutage kommt es scheinbar darauf an, ob die Gegenmannschaft mehr Geld hat. Geld schießt mittlerweile nicht nur auf dem Platz Tore, sondern auch dahinter. Ein Verein der richtig gut bei Kasse ist, kann nicht nur ein paar gute Leistungsträger als Spieler verpflichten. Nein, wer heutzutage gut bei Kasse ist, der kauft sich statt einer Finca auf Mallorca oder eines Segelbootes gleich eine eigene Fußballmannschaft. Beste Beispiele sind 1899 Hoffenheim oder Herr Roman Abramovic mit Chelsea London.

Wer aber noch besser bei Kasse ist, den Sport an sich für sowieso nicht wichtig hält und dazu noch die Moral und das Gewissen eines ukrainischen Auftragskillers hat, der geht zur Kroatenmafia oder dem Schiedsrichter seines „Vertrauens" und kauft sich den gewünschten Sieg gleich dazu.

Das beste Beispiel seinerzeit war Robert Hoyzer, der den HSV im DFB-Pokalspiel gegen einen Achtligisten (oder so ähnlich!) um den Sieg betrog. Er soll sogar einen Spieler des Amateurvereins lautstark aufgefordert haben, „sich endlich fallen zu lassen" um einen Elfmeter zu pfeifen.

Nach und nach trudelte dann die ganze Wahrheit ein. Auch das eine oder andere Zweit- oder Regionalligaspiel war manipuliert, und die heile Fußballwelt brach zumindest teilweise zusammen. Dem verblödeten Deutschen kann dies egal sein, scheinbar merkt dieser ja sowieso nichts.

In den 80-er Jahren soll sogar ein Nürnberger Abwehrspieler freiwillig zwei Eigentore geschossen haben, weil er hierfür einen nicht unerheblichen Geldbetrag bekam!

Offen gesagt, kamen mir selbst bei Weltmeisterschaften einige Dinge sehr komisch vor. Erinnern wir uns doch mal an die Weltmeisterschaft in Japan und Südkorea im Jahr 2002. Sicherlich tun wir dies gerne, immerhin wurde Deutschland Vizeweltmeister. Obwohl für den Titel als „Vize" kann man sich auch nichts kaufen. Pessimisten nennen diesen „Titel" nur „Erster von den Verlierern".

Na ja, aber nun zum eigentlichen Thema. Generell wird es gerne gesehen, wenn der Gastgeber relativ lange im Turnier bleibt. Das erhöht auch das Interesse an dem Turnier im eigenen Land. Wenn man gerade als Gastgeber -im schlimmsten Fall- schon in der Gruppenrunde ausscheidet, kann dies natürlich die Aufmerksamkeit der Gastgeber nicht gerade steigern.

Was ist aber, wenn der oder die Gastgeber fußballerisch nicht so stark sind, um längere Zeit bei einer Weltmeisterschaft zu bestehen? Wäre es nicht in solchem Fall im Interesse vieler, am Glücksrädchen zu drehen? Sind wir ehrlich! Kommt Ihnen das Erreichen des Halbfinales von Südkorea nicht auch irgendwie komisch vor? Nachdem der zweite Gastgeber Japan schon sang- und klanglos in der Vorrunde die Segel streichen musste, wäre natürlich ein verfrühtes Ausscheiden Südkoreas nicht optimal. Südkorea besiegte Italien im Achtelfinale knapp. Allerdings wurden den Italienern zwei gültige Tore aberkannt und zwei klare Elfmeter wurden ihnen versagt. Sogar Mitfavorit Spanien verlor im Viertelfinale gegen die Asiaten auf komische Weise. Zwar nicht so klar wie dies bei den Italienern der Fall war, aber immerhin. Letztendlich unterlag Spanien nach

Elfmeterschießen, und dies kann im Extremfall ja auch als „Glückssache" ausgelegt werden. Schließlich stand Südkorea im Halbfinale gegen Deutschland. Zu diesem Zeitpunkt glaubten knapp 80 % der Südkoreaner an den Weltmeistertitel. Deutschland besiegte Südkorea knapp eins zu null, und im Spiel um die Bronzemedaille unterlagen die Asiaten der Türkei mit zwei zu drei! Allerdings gibt es für die Theorie keinerlei handfeste Fakten.

Mittlerweile ist es bei den Fußballwelt- und Europameisterschaften so geregelt, dass die letzten Gruppenspiele so gelegt werden, dass zeitgleich alle vier Gruppenmitglieder zum Einsatz kommen. Das war bis vor kurzem noch anders. Mit anderen Worten, die beiden anderen nicht beteiligten Mannschaften haben sich das Spiel angesehen, und konnten dann ihr Wunschergebnis zusammendaddeln. In diesem Zusammenhang denkt man besonders an den legendären „Wikingerkomplott" bei der Europameisterschaft 2004. Norwegen und Schweden (oder war es doch Dänemark?) benötigten beide ein 2:2 Unentschieden. Mit dem Erreichen dieses Endresultats wären beide Mannschaften im Viertelfinale. Leidtragender dieser Konstellation wäre übrigens Italien, dessen Mannschaft sich damit quasi selbst beim Ausscheiden zugucken durfte.
Zu diesem Zeitpunkt ging es bereits durch die skandinavischen Medien, dass es durchaus vorstellbar ist, dass die beiden nordischen Nachbarländer diesem „Pakt" nachkommen könnten.
Übrigens diverse Fans beider Mannschaften, die breit grinsend und verbrüdert im Stadion standen, hielten bereits vorm Anpfiff Plakate und Banner mit der Aufschrift „NORWAY vs. SWEDEN 2:2 - BYE BYE

ITALIA!" in die Höhe. Italienische Fans wurden teilweise misstrauisch, als selbst die härtesten Fans beider Mannschaften fröhlich singend gemeinsam in das Stadion zogen. Das Spiel endete übrigens tatsächlich 2:2 und Italien schied aus.

Wie bereits erwähnt, finden mittlerweile die letzten Gruppenspiele zeitgleich statt. An dieser Stelle möchte ich nur erwähnen, dass Deutschland diese Möglichkeit auch schon mal genutzt hat. Anfang der 80-er Jahre verlor man scheinbar ziemlich freiwillig 0:2 gegen Dänemark, um den damals unschlagbar wirkenden Spaniern zu entgehen. Deutschland wurde Gruppenzweiter - Dänemark wurde Gruppenerster. Für uns lief alles nach Plan. Man entging Spanien und marschierte munter ins Endspiel, während Dänemark klar 1:5 gegen die Spanier verlor.

Auch der „Nichtangriffspakt" beim Spiel Deutschland gegen Österreich bei der Weltmeisterschaft 1982 in Spanien wirkte ziemlich abgesprochen. Deutschland müsste 1:0 gewinnen und beide Mannschaften wären weiter. Der Plan funktionierte. Deutschland schoss schnell das eins zu null. Dieses Ergebnis hatte zur Folge, dass beide Mannschaften nur den Ball hin und her schoben, um die Zeit totzuschlagen. Die im Stadion anwesenden Spanier waren stinksauer über das, was ihnen geboten wurde. Man wedelte mit weißen Taschentüchern. Dies bedeutet übrigens in der Stierkampfarena sowas wie „Stier zu schwach - neuer Stier!"

Wer dies Spiel live gesehen hat, musste übrigens ohne Kommentar klarkommen. Nach einer Weile stellte der deutsche Kommentator übrigens das Kommentieren ein. Er selbst nannte den Grund: „Wenn die da unten nicht arbeiten, muss und will ich auch nicht arbeiten!" Leidtragender dieses „Nichtangriffspakts" war übrigens

Algerien. Die schieden aufgrund dieses Endstands aus, ohne auch nur eine Chance zu haben, dieses Schicksal aus eigener Kraft ändern zu können!

Eine Sportart, bei der augenscheinlich öfter mal geschummelt wird, ist der Boxsport. Viele denken sich jetzt sicher: Wie soll das denn auch gehen? Zwei scheinbar erwachsene Männer schlagen sich im Rundensystem mit den Fäusten so lange an den Kopf, bis einer umfällt und nicht mehr aufsteht. Derjenige, der nicht mehr aufsteht, hat logischerweise verloren.
In solchem Fall ist „Sieger" und „Verlierer" sicherlich deutlich erkennbar. Aber was ist, wenn keiner umfällt und die komplett angesetzten Runden durchgeboxt werden? Eigentlich sitzen für diese Angelegenheit drei unparteiische Punktrichter am Ring. Deren Aufgabe ist es, den besseren Boxer zu erkennen und ihm den Sieg durch Punkte zuzusprechen. Trotz dieser Angelegenheit sieht die Realität ganz anders aus. Wie oft wurde ein Boxkampf scheinbar schon verschoben? Ein sehr gutes Beispiel war seinerzeit der Kampf zwischen George Foreman und Axel Schulz. Ja, genau der Axel Schulz! Jener Berliner Gesichtselfmeter mit der scheinbaren Intelligenz einer verwachsenen Pellkartoffel. Kann sich irgendjemand an einen Sieg von Axel Schulz erinnern? Bei Axel Schulz dachten viele Sponsoren schon darüber nach, ihr Firmenemblem auf die Schuhsohlen zu drucken, weil jene zum Schluss des Kampfes am besten gesehen werden. Ja, jener Axel Schulz, der immer mit Gina Wild verglichen wird, weil er am Ende der „Vorstellung" immer auf dem Rücken liegt.
Genau dieser Axel Schulz erwischte ausgerechnet beim Weltmeisterschaftskampf im Schwergewicht gegen den genannten Titelverteidiger George Foreman einen sehr

guten Tag. In den gesamten Runden verprügelte Schulz den amtierenden Weltmeister Foreman nach Strich und Faden. Augenscheinlich hatte der Deutsche so ziemlich jede Runde klar für sich entscheiden können. Nachdem die letzte Runde abgegongt wurde, fühlte sich Schulz verständlicherweise als Sieger und neuer Weltmeister. Die Feier im Ring begann, und es sollte eigentlich nur noch wenige Momente dauern, bis der Ringsprecher den neuen Weltmeister verkünden müsste. Leider haben die Punktrichter entweder einen völlig anderen Kampf gesehen oder sie bevorzugten Foreman. Denn jener Ringsprecher verkündete einen „klaren Sieg" Foremans nach Punkten! Der legendäre Afroamerikaner war über seinen Sieg selber überrascht.

Natürlich planten die Boxpromoter einen Rückkampf zwischen den beiden Kontrahenten. Dieser stand eigentlich schon fast fest, doch leider machte George Foreman einen Strich durch die Rechnung. Er legte den Weltmeistertitel freiwillig nieder und konnte sich so um einen Rückkampf drücken. Mittlerweile sind angeblich Axel Schulz und George Foreman privat sehr gute Freunde geworden.

Natürlich brauchte die Boxpromotion einen neuen Weltmeister. Aufgrund dessen wurde ein Titelkampf zwischen Axel Schulz und dem „weißen Büffel aus Südafrika" Francois Botha angesetzt. Auch in diesem Kampf gab es das gleiche Bild wie im Schulz-Foreman Fight. Axel Schulz erwischte erneut einen sehr guten Tag und prügelte Botha ebenfalls windelweich. Nach Ablauf des Kampfes musste erneut das Urteil der Punktrichter abgewartet werden. Eigentlich war es erneut eine klare Angelegenheit. Der Sieg und der Titel müssten an Axel Schulz gehen.

Doch wieder einmal sahen die Punktrichter dieses anders. Francois Botha wurde der Sieg nach Punkten zugesprochen. Das Publikum buhte den neuen Weltmeister aus und warf sogar mit Bechern und Stühlen.

Sollte man hier nicht doch ernsthaft von Wettbewerbsverzerrung ausgehen. Der „gefühlte" Dauerverlierer Axel Schulz verlor sogar jene Kämpfe, die er eigentlich gewonnen hatte.

2. Anfeuern und mitfiebern überflüssig und sinnlos! Der Aufstieg ist verboten !

Jedes Wochenende versammeln sich in ganz Deutschland Abertausende Männer und Frauen auf lokalen Fußballplätzen, um dort ihren Orts- und Dorfverein anzufeuern und zuzujubeln. Gegner ist meist irgendein Nachbardorf, und es geht um ein Pokalspiel oder um den Aufstieg in eine höhere Kreisklasse.
Leider muss aber Folgendes gesagt werden, was möglicherweise vielen lokalen Fußballfreunden missfällt und dazu führen könnte, dass man den Samstag oder Sonntag lieber zu Hause oder woanders verbringt. Viele Ortsmannschaften dürfen - oder können gar nicht aufsteigen. Das Wollen ist hierbei zweitrangig. Zahllose Dorfvereine sind derart knapp bei Kasse, dass ein Aufstieg und die damit verbundenen weiteren Fahrten zu Auswärtsspielen gar nicht finanzierbar sind.

Beispiel: Dummsdorf spielt regional in der ersten Kreisklasse. Die Gegner dieses Ortsvereins sind meist die nahegelegenen Orte wie Kleinkleckersdorf oder Kuckucksstadt. Diese „Auswärts"-Spiele sind zur Not mit Fahrgemeinschaften oder ähnlich zu bewältigen. Die

Eintrittsgelder von 1,50 bis zwei Euro decken meist nur die notwendigen Auslagen für diese Spiele. Dummerweise ist Lokalverein Dummsdorf relativ erfolgreich und nähert sich zum Ende der Saison einem Aufstiegsplatz in die höhere Kreisliga. In dieser Kreisliga sind natürlich nicht nur Nachbardörfer, sondern auch weiter gelegene Orte wie Musterhausen oder Niederlingen. Diese Spielbegegnungen wären natürlich mit relativ weitere Fahrten verbunden, welche erst einmal finanziert werden müssen. Mit einem Loch in der Kasse ist das natürlich nicht umsetzbar. Vorausgesetzt, man hat nicht irgendwelche Mäzene oder andere stille Gönner in den eigenen Reihen, die dem Dorfverein den einen oder anderen Schein zukommen lassen.

Was ist also zu tun (oder zu unterlassen)? Man steigt einfach nicht auf. Entweder man verliert mal freiwillig das eine oder andere Spiel, verschenkt den Sieg im Relegationsspiel, oder man kommt auf einen Aufstiegsplatz und verzichtet auf diesen Aufstieg.

Neben dem besagten Grund „Ebbe in der Kasse" hört man häufig das Argument; warum soll man denn aufsteigen? Die anderen Kreisligavereine haben derart starke Mannschaften, dass wir sowieso keine Chance haben, dort zu bestehen, und in der Folgesaison sowieso wieder direkt absteigen! Ein Abstieg würde beispielsweise, laut Angaben des Vorstandes, die Motivation der jungen Kicker negativ beeinflussen, dass es sehr schwer erscheint, diese Spieler bei „Dummsdorf" zu halten.

Aber mal ehrlich. Welcher Jugendliche oder junge Erwachsene möchte ernsthaft bei einem Verein spielen, der nicht aufsteigen darf? Möchte nicht jeder Spieler in der für ihn höchstmöglichen Klasse spielen? Unter diesen Umständen müsste doch ein „Nichtaufstiegs-pakt" noch unmotivierender sein als ein Aufstieg mit dem möglicherweise folgenden Abstieg!

Wie will man Spieler bei einem Verein halten, der nicht aufsteigen darf? Wenn die Tatsache, dass man nicht aufsteigen „kann" oder „will" in den eigenen Reihen die Runde macht, dann wird dies möglicherweise bei einigen Spielern dazu führen, dass diese freiwillig zu einem „aufstiegsfähigen" Verein wechseln.

Vor allen Dingen Folgendes: Wenn sich diese Tatsache, dass man nicht aufsteigen will, in der jeweiligen Liga rumspricht, wie bedeppert müssen sich dann die besiegten Mannschaften dieses Aufstiegsmüden vorkommen? Warum nimmt man uns diese drei Punkte ab, wenn man sie doch gar nicht haben will?

Mir persönlich ist ein solcher Verein bekannt. Leider Gottes war ich dort sogar noch passives Mitglied. Als ich von diesem Aufstiegsunwillen hörte, bin ich sofort ausgetreten und habe den Sportplatz nie wieder betreten. Traurig um die vielen Stunden, in denen ich die Mannschaft anfeuerte und Eintritt zahlte. Traurig um jede Nervenzelle, die ich beim Mitfiebern lassen musste. Traurig um jede Niederlage im Aufstiegskampf, die mich wütete. Immerhin war das Wüten sinnlos, denn die Niederlage war ja einkalkuliert. Oder doch nicht?

Fazit: Sport ist nicht immer „echt"! Lassen Sie sich nicht für dumm verkaufen!

Unter den oben angesprochenen Fällen kann man davon ausgehen, dass man relativ häufig im Sport für dumm verkauft wird. Wie oft tritt im DFB-Pokalspiel ein Bundesligaverein freiwillig mit der zweiten Mannschaft an? Wenn man ausscheidet? Na und! Der DFB-Pokal ist ja sowieso nur eine ungeschriebene „Zusatzbelastung" und lenkt vom Alltagsgeschäft Bundesliga ab.

Schade um die armen Fans, welche die möglicherweise weite Reise zu dem Auswärtsspiel mitgemacht und sich brav für ihren Verein die Lunge aus dem Hals geschrien haben. Jeder Cent, den man in diesem Zusammenhang ausgegeben hat, müsste eigentlich den Fans zurückerstattet werden. Man bedenke: Eintrittskarte, die Biere die man getrunken hat, die überteuerte Wurst die man verspeiste, die Zugfahrkarte oder die Tankrechnung sowie die vielen kleinen anderen Unannehmlichkeiten, die man in diesem Zusammenhang auf sich genommen hat. Möglicherweise zwei Tage Urlaub, weil das Spiel in der Woche war oder ähnliches!

Schlimmer ist es noch, wenn dies bei einem Europapokalspiel passiert. Denken wir doch mal an AS St. Etienne im Jahr 2009 gegen Werder Bremen. Die Franzosen schieden doch quasi freiwillig aus. Man nahm die B-Elf, obwohl man das Hinspiel in Bremen nur 0:1 verlor. Vielleicht hätte man dieses Ergebnis mit der Stammelf drehen können. Vielleicht wäre doch noch ein Wunder für St.Etienne drin gewesen.

Dieses Wunder wollte man jedoch nicht vollbringen. Man war in der französischen Liga leider im Abstiegskampf. Genauso war es übrigens vor einigen Jahren mit Parma. Diese wollten fast jede Runde freiwillig ausscheiden. Grund hierfür: Ebenfalls akuter Abstiegskampf in der ersten Liga. Dieses scheinbare freiwillige Ausscheidenwollen war in der ganzen Stadt, ja sogar im ganzen Land bekannt. Der Trainer teilte irgendwann sein Credo mit. Die erste Mannschaft spielt in der Liga, und eine B-Elf mit diversen Amateuren kickt um den ungeliebten UEFA-Pokal (jetzt Europaliga). Dummerweise war die Ersatzmannschaft motivierter als erwartet. B-Elf, Amateure und Co. warfen einen Spitzenclub nach dem anderen aus dem Rennen (u.a. auch VFB Stuttgart). Man verlor erst im Finale. (Oder haben die das auch noch gewonnen? Bitte nachschlagen!)

Kapitel 4:
Lügenfaktor: Politik!
Wollen uns die Politiker wirklich
für dumm verkaufen?

1. Demokratie - Wählen wir wirklich ?

In Deutschland haben wir eine ganz besondere Staats-
form. Die sogenannte Demokratie. „Demos cratos"
bedeutet so viel wie „Volksherrschaft". Mit anderen
Worten: Wir regieren hier in Deutschland alle mit. Ein
Tatbestand, der in Nationen wie Kuba oder der ehemaligen DDR nicht der Fall war. In der „Ostzone" war es
egal, ob man wählen ging oder nicht. Am Ende war die
SED mit ihren gefühlten 99,9 Prozent aller Wählerstim-
men sowieso die erfolgreichste Partei.

Bei uns in Deutschland ist es etwas anders. Wir werden
alle paar Jahre brav zur Wahl „geordert". Die einzelnen
Parteien beginnen rechtzeitig mit dem Wahlkampf - und
zwar mit allem was dazugehört. Freundlich grinsende
Damen und Herren der unzähligen Parteien blicken uns
von großen Plakatwänden oder Postern an. Gerne mit einem betreffenden Slogan dazu, versucht man dem Leser
dieses Plakats indirekt oder direkt mitzuteilen, dass gerade der betreffende Politiker der „richtige Mann" oder
die „richtige Frau" für das Amt des Bundeskanzlers, Ministerpräsidenten oder Ortsbürgermeisters ist.
Im Anschluss daran findet man den Kandidaten oder
dessen treue Gefolgschaft auf den Straßen der Städte
oder in diversen Fußgängerzonen an. Dort versucht man
den potenziellen Wähler mit kleinen Präsenten wie Ku-
gelschreibern, Parkscheiben oder Feuerzeugen dazu zu
bewegen, ihm jene Stimme bei der Wahl zu übertragen.

Es bleibt natürlich zu hinterfragen, ob der jeweilige Kandidat tatsächlich denkt, dass alleine die Übergabe dieses Kugelschreibers ausreichend ist, dessen Stimme zu erhalten. Aber in Deutschland kann man es ja mal versuchen. Vielleicht reicht das freundliche Gespräch samt Schreibgerät aus, dass Oma Erna im Bürgermeisterkandidaten einen erhofften Schwiegersohn wiedererkennt und brav das Kreuz an seine gewünschte Stelle setzt.

„WENN WAHLEN ETWAS VERÄNDERN KÖNNTEN, DANN WÜRDE MAN SIE VERBIETEN"

- Zitat: Rosa Luxemburg

Fakten zeigen jedoch, dass sich der Durchschnittswähler nicht mal ansatzweise über die bedeutenden Ausmaße der Streitfragen oder über die Wahlprogramme und Wahlziele informiert. Viele wählen das, was sie immer gewählt haben. Es gibt gefühlt immer weniger Wechselwähler. Man wählt CDU, weil man immer CDU gewählt hat, oder man gibt der SPD seine Stimme, weil Papa und Mama diese Partei auch immer wählen und gewählt haben. Vater und Mutter waren damit immer zufrieden, also wird das auch für Horst-Günther die richtige Wahl sein. Aber weiß der leicht verblödete Deutsche überhaupt, was oder wen er wählt?

Hier einige -zu bedenken gebende- Fakten (aktueller Stand: September 2009)

* 48 % aller Wahlberechtigten wissen nicht, wofür Erststimme und Zweistimme eigentlich gut sind. Manche denken die Erststimme ist der Kandidat und die Zweitstimme die Partei. Andere wiederum halten die Erst-

stimme für die Regierungswahl und die Zweitstimme wäre für den Koalitionspartner oder die Opposition.

*Viel zu wenige Mitbürger können die Politiker ihren Ämtern oder der jeweiligen Partei zuordnen. Welches Amt bekleidet beispielsweise Karl-Theodor zu Guttenberg oder welcher Partei gehört Michael Glos an? Wer ist Ministerpräsident von Nordrhein-Westfalen und welche Partei regiert in Schleswig-Holstein?

*Der Wähler weiß leider meistens zu wenig über den Hintergrund. Nein, Kevin und Susanne wählen nicht Angela Merkel oder Frank-Walter Steinmeier. Otto Normalverbraucher darf den Bundeskanzler gar nicht wählen. Auch den Bundespräsidenten nicht! Aber wer wählt den Bundeskanzler? Wer wählt den Ministerpräsidenten? Wer ernennt den Bundespräsidenten? Was macht der Bundestag? Wer sitzt in den einzelnen Gremien? Welcher Politiker und welches Amt hat welche Kompetenzen? Was sind seine Aufgaben? Über die Europäische Union weiß sowieso keiner was. Laut Umfragen wissen nur 47 % aller Deutschen, wie sie funktioniert. Welche Länder gehören der sogenannten EU an? Welche Aufgaben hat eigentlich das Europaparlament?

Der deutsche Wähler geht zur Wahl (oder auch nicht) und informiert sich im Voraus nicht im Geringsten darüber, welches Zahnrad er mit der Abgabe seiner Stimme möglicherweise in Bewegung setzt und welches nicht.

Mittlerweile ist es aber so, dass der NICHTWÄHLER der eigentliche „Wahlsieger" ist. Der Nichtwähler ist tatsächlich die stärkste Fraktion. Bei den Landtagswahlen 2008 stellte der Nichtwähler die stärkste Gruppe. Wenn die Nichtwähler eine NWP -also die Nichtwählerpartei- gründen würden, dann wäre sie 2008 Wahlsieger geworden.

Allein in dem Bundesland, in dem ich lebe (Niedersachsen) waren es 2008 43 % Nichtwähler. Die Siegerin der Wahl, die CDU, erhielt nur 24,1 Prozent aller Stimmen. Die Wahlzweite, die SPD, erhielt 17,3 Prozent.

Wenn man die beiden Wahlergebnisse (CDU = 24,1 %, SPD= 17,3 %) addiert, dann kommt man auf 41,4 Prozent. Um es mal härter auszudrücken. Die Zahl der Nichtwähler ist größer, als jene der CDU und der SPD zusammen!

Aufgrund der Tatsache, dass die FDP nur 4,7 %, die Grünen nur 4,6 % und die Linke 4,0 % erhielten, wären alle drei Parteien an der „Fünf-Prozent-Hürde" gescheitert. Es wären dann nur drei „Parteien" im Landtag vertreten (CDU, SPD und Nichtwähler) und die Nichtwähler hätten mehr als die Hälfte aller Sitze im niedersächsischen Landtag! Die Folgen könnten dann u. a. sein, dass die Nichtwähler zunächst einen Ministerpräsidenten und später vielleicht sogar einen Kanzlerkandidaten stellen könnten!

Aber warum gehen immer weniger Menschen zur Wahl? Warum soll man alle paar Jahre ein Kreuz machen, wenn man dabei noch nicht mal ein Auto gewinnen kann? Ist es wirklich ein mittlerweile ausgeprägtes Desinteresse oder hat der Wähler die „Schnauze voll" von der Politik? Es ist zwar im Grundgesetz ein Recht auf „freie und geheime Wahl" verankert, aber warum denn, wenn scheinbar kaum einer von diesem Recht noch Gebrauch machen will? Ist es wirklich ein Protest gegen jene Regierung, mit der man unzufrieden zu sein scheint? Oder haben die Wahlberechtigten in Deutschland wirklich den Eindruck, dass es doch gar keinen Sinn macht, wählen zu gehen? Es passiert ja doch nichts, und man glaubt, man macht sich der Mittäterschaft schuldig, wenn man überhaupt noch wählen geht.

2. Haben wir wirklich einen Einfluss auf politische Entscheidungen ?

Viele Deutsche fragen sich mittlerweile, ob wir mit unserer Stimme wirklich eine Art „Mitbestimmung" bei jenen politischen Entscheidungen haben. Trotz allem muss man stark bezweifeln, dass wir manche Ereignisse und Entwicklungen hätten ändern können.
Nehmen wir doch mal Helmut Kohl, den „Kanzler der Wiedervereinigung". Wenn jetzt nicht Kohl, sondern irgendein anderer Kanzler an der Regierung gewesen wäre, was dann? Das wiedervereinigte Deutschland war doch nur eine Frage der Zeit. Jeder andere Kanzler hätte ebenso „Macher der Wiedervereinigung" werden können, wenn er zum damaligen Zeitpunkt „an der Macht" gewesen wäre.

Einen Einfluss auf politische Entscheidungen haben wir -ehrlich gesagt- so gut wie gar nicht. Was wäre denn, wenn wir bei wichtigen Entwicklungen abstimmen dürften? Man würde uns bei wirklich einflussreichen Ereignissen und Änderungen wählen lassen.

Machen wir mal folgenden Blindtest: Die Regierung hätte Folgendes ausgerufen: Es sind in Deutschland 65

Millionen Wahlberechtigte. Nächsten Sonntag stimmen wir zu folgenden Themen ab:

1. Wünschen Sie die Einführung des Euro?
   Ja oder nein?
2. Befürworten Sie die Rente mit 67 Jahren?
   Ja oder nein?
3. Sind Sie für einen Kriegseinsatz im Irak oder Afghanistan?
   Ja oder nein?
4. Sollen Erbschafts und Vermögenssteuer erhöht werden?
   Ja oder nein?
5. Halten Sie Hartz 4 für richtig und soll es eingeführt werden?
   Ja oder nein?
6. Sollen wir die Mehrwertsteuer von 16 % auf 19 % anheben?
   Ja oder nein?

Letztendlich würde die Mehrheit entscheiden. Nehmen wir mal Beispiel 1. Es hätte eine große Volksabstimmung stattgefunden. Bei diesen wichtigen Entscheidungen wäre sicherlich fast jeder mit dabei. Von den 65 Millionen Wahlberechtigten wären bestimmt weit über 60 Millionen zur Urne gegangen. Dann hätten wir ein aussagekräftiges Ergebnis von knapp 90 Prozent aller Bundesbürger.

Gesetzt den Fall man hat jetzt ein folgendes Ergebnis: 79 % sind gegen den Euro und nur 21 % befürworten die Einführung dieser europäischen Währung, dann wäre es nur noch die Aufgabe des jeweiligen Bundeskanzlers zu sagen: „Wir haben abgestimmt. DAS

VOLK HAT ENTSCHIEDEN. Mehrheitlich gegen die Einführung des Euro, also nein zur neuen Währung!" Wenn damals eine solche Abstimmung gewesen wäre, beispielsweise, ob der Euro eingeführt wird oder nicht, ich glaube wir hätten auch heute noch unsere gute, alte DM! In der Schweiz fand zum Thema Euro eine solche Wahl statt, und das Ergebnis sehen wir. Die Eidgenossen haben heute noch ihre Schweizer Franken.

Geht es um so grundlegende Endscheidungen wie in den aufgeführten Beispielen 1 - 6, dann werden wir nicht gefragt. Dabei sind wir doch direkt davon betroffen. Natürlich kann man nicht wegen jedes neuen Ortsschildes oder jeder Rentenanpassung zur Wahlurne rufen, aber bei solchen genannten wichtigen Entscheidungen, welche eine ganze Nation nachhaltig verändern oder prägen, müsste man schon einen großen Volksentscheid anstacheln.

Auch Krisenthemen oder „heiße Eisen" könnten hierbei angefasst werden. Allerdings möchte ich nicht unbedingt wissen, welche Ergebnisse herauskommen würden, wenn folgende Themen zur Wahl ständen: Ausländer raus? Ja oder nein? Oder als Alternative: Sollte man (Kinds-) Mörder und Vergewaltiger in erwiesenen Fällen mit dem Tode bestrafen? Ja oder nein?

Aber selbst eine Volksabstimmung könnte jederzeit trotz Mehrheit gekippt werden. Grund hierfür ist das Bundesverfassungsgericht. Scheinbar ist das BVerfG die höchste Instanz in Deutschland und kann alles für null und nichtig erklären. Sogar jenes, was deutsche Volksvertreter und die Regierung beschlossen haben. Im Zweifelsfall gilt dies dann als bevölkerungsfreundliches Urteil. Das Bundesverfassungsgericht regelt gefühlt alles. Sei es die Fristenregelung bei Abtreibungen, die Gleichstellung von Homosexuellen samt Heiratserlaubnis und Adoptionsrecht oder die Verteidigung der Pressefreiheit. Das Traurige an dieser Angelegenheit ist jene Tatsache, dass das Bundesverfassungsgericht selbst, welches als Organ über den Volkswillen und die Politiker gestellt wird, nur von Parteipolitikern der zweiten oder sogar dritten Garde geleitet wird.

Bei der sogenannten „Demokratie" ist scheinbar nicht die Mitwirkungspflicht in Form von Wahlen ausschlaggebend, sondern höchstens die Mitwirkungsillusion. Die einzige Möglichkeit, bei der der Bürger noch einigermaßen in den Wahlkampf eingreifen kann, ist die Bürgermeisterwahl. Wenn im ersten Wahlgang kein klarer Wahlsieger feststeht, dann wird eine Stichwahl festgesetzt. Hierfür gibt es dann einen neuen Termin. Bei dieser „Stichwahl" ist keine absolute Mehrheit notwendig, sondern es reicht eine einzige Stimme zum möglichen Wahlsieg. Hier kann sich der Bürger wenigstens etwas als Mitwirkender oder als Zünglein an der Waage vorkommen.

Fakt ist jedoch, dass jenes politische Interesse derzeit auf dem Nullpunkt angekommen ist. Aktuell gehören lediglich etwas über 1,4 Millionen Menschen einer Bundestagspartei an.

Welchen Sinn macht es überhaupt noch, sich politisch zu engagieren? Sämtliche doch „so ernst zu nehmenden Wahlen" verkommen mittlerweile vollkommen zu einer Comedy und Klamaukshow wie der ehemals so angesehene Grand Prix d' Eurovision. Genau wie die meisten Länder zu diesem „ach so wichtigen Musikwettbewerb" ihre schrägsten Vögel und Gumulken hinschicken, so darf anscheinend mittlerweile jeder Depp eine „politische" Partei gründen. Seit dem Jahr 2009 haben wir einen meterlangen Wahlzettel, auf welchem

Witzparteien wie die „spirituelle Mitte", die „Piraten-partei" oder die „Anarchistische Pogo Partei Deutsch-lands", kurz APPD, kandidieren dürfen. Dies ist auf den ersten Blick halb so wild, solange man sich nicht die Mühe macht, das Wahlkonzept und die Wahlziele dieser Vereine durchzulesen. Die ebengenannte APPD möchte beispielsweise Deutschland in zwei Zonen „teilen". Das halbe Deutschland soll aus Arbeitneh-mern wie Handwerk, Handel und Behörden bestehen, und das andere Deutschland soll eine „Freibier und Pa-rasitenzone" werden. Der „Staat" soll dann folgender-maßen funktionieren! Die „arbeitende Zone" erhält na-türlich ein Gehalt. Aus Gleichberechtigung gegenüber den Asozialen im anderen Bereich Deutschlands wird ein Teil des Geldes zu den Arbeitsscheuen in die Para-sitenzone rübergesendet, die sich dann von dem Geld tagtäglich die Rübe zusaufen können.

Wie diese „Teilung" Deutschlands im Falle eines Wahl-sieges vorgenommen werden soll, ist mir jedoch ein Rätsel. Ich glaube nicht, dass man erneut eine Mauer durch Deutschland baut und dann sagt: „Also links sind die Gesellschaftszecken und rechts die arbeitende Be-völkerung". So mancher Fließbandarbeiter bei Volks-wagen wird sich umgucken, wenn in so einem Falle die Mitteilung des Punkers als Bundeskanzler kommt, welcher festsetzt, dass Wolfsburg ab sofort zur „Para-sitenzone" gehört und aus dem VW-Werk umgehend eine Trinkhalle für arbeitsscheue Suffunken gebastelt wird.

Aber eigentlich macht man sich mit den Wahlen doch große Mühe. Sogar ein „Wahlomat" wird im Internet angeboten. Dem User werden dann einige Fragen ge-stellt, und zum Schluss wird dann genau angezeigt, welche Partei den eigenen Wünschen und Vorstellungen entspricht.

Wenig Sinn macht hierbei die Tatsache, dass dieses Ergebnis in Prozentzahlen ausgedrückt wird! Denn mit einem Endergebnis wie: „Herzlichen Glückwunsch, Sie sind 24 % CDU/CSU, 21 % SPD, 17 % FDP, 14 % Grüne und den Rest Linkspartei!" hat der Ratsuchende auch nicht gerade ein persönliches Ergebnis erhalten.

3. „Wer nicht arbeitet, soll auch nicht essen!" - Die „Hartz 4" - Debatte

Seit einiger Zeit haben wir ein neues Versorgungsleistungsprinzip. Die altbekannte Arbeitslosenhilfe entfiel, und stattdessen gibt es jetzt die „Mindestleistung" Arbeitslosengeld 2; besser bekannt als Hartz 4. Grund dafür ist angeblich die Tatsache, lediglich das Existenzminimum zu sichern. Das „soziale Netz" soll halt nicht zur „sozialen Hängematte" werden. Aktuell sind dies 351 Euro zuzüglich der Kosten für die Wohnungsmiete. Voraussetzung: Die Wohnfläche des Domizils überschreitet nicht die gesetzlich vorgeschriebene Größe. Sollte dies dennoch der Fall sein, dann muss der Leistungsempfänger halt von seinem Hartz 4 noch „etwas drauflegen". Es gab sogar schon Beispiele in denen einzelne Zimmer schon vor dem Mieter abgeschlossen wurden.

Ein Hinzuverdienst ist nur geringfügig möglich, und diverse „Zusatzverdienste" werden gnadenlos auf die Sozialleistung angerechnet. Es gab ein gutes Beispiel in der niedersächsischen Studentenstadt Göttingen. Ein Hartz 4-Empfänger setzte sich in die Fußgängerzone und bettelte wie ein Obdachloser um Almosen. Zufälligerweise kam ein Mitarbeiter der hiesigen Arbeitsagentur vorbei, welcher in den Betteltopf blickte, die „Tageseinnahmen" hochrechnete und das „Bettel-geld" auf die Leistung anrechnen wollte.

Mit anderen Worten: Sogar „Betteln" ist Nebenver-dienst; zumindest in Deutschland!

Franz Müntefering goss sogar im Jahre 2005 in einer Hartz 4-Dabatte noch etwas Öl ins Feuer, als er Folgen-des von sich gab: „Nur wer arbeitet, der soll auch es-sen!". Diese Aussage klingt auf den Leistungsempfän-ger wie folgt: „Also Leute, ihr sitzt faul herum, versauft unsere Steuergelder. Wenn ihr in Zukunft nicht bereit seid, Sklavenarbeiten zu verrichten, dann verhungert doch bitte auf dem kostengünstigsten Weg!"

Kritiker von „Rot-Grün" spotteten über diese men-schenverachtende und bevölkerungsfeindliche Politik, die es unter der CDU natürlich niemals gegeben hätte. Mittlerweile ist das „Grundeinkommen" im Gespräch, das im Unterschied zu Hartz 4 und Leistungen nach dem Versicherungsprinzip aus dem Topf der Arbeitsa-genturen nicht an Leistungsbereitschaft oder Bedürftig-keit gebunden ist. Heißt dieses etwa: Gleiches „Recht" für alle. Ein Gesamtbetrag zum Leben, unabhängig davon, ob man jeden Tag brav seiner Arbeit nachgeht oder als Erwerbsloser zu Hause herumvegetiert und sich Gerichtsshows und Daily Soaps ansieht!

Das Grundeinkommen sei ja schon eine Gegenleis-tung. Eine Gegenleistung, die man scheinbar auch aus Ausgrenzung aus dem Arbeitsleben ansehen kann. Ein Leben in hoher Menschenwürde, vollkommen befreit von jeglicher humaner Existenzangst. Die Grünen des Bundeslandes Baden-Württemberg denken an knapp 420 Euro.

Der Berliner Finanzsenator Thilo Sarrazin machte sich die große Mühe, einen Speise- und Verpflegungsplan für Hartz 4 Singles zusammenzustellen. Cent für Cent wird genau berechnet, wie viel der Hartz 4 Single überhaupt für ein Frühstück oder eine Mittagsmahlzeit ausgeben darf. Dass hierbei natürlich jede Art der christlichen Menschenwürde zu kurz kommt, ist selbst dem blödesten Deutschen unter der Sonne klar. Aber natürlich kann man Herrn Sarrazin auch verstehen: Wenn man natürlich ein Luxusleben führt, weil man ein Gehalt im fünfstelligen Bereich netto monatlich erhält und sämtliche Vorzüge wie Dienstwagen etc., dann kann man natürlich leicht den Stab über alle diejenigen brechen, denen es deutlich schlechter geht. Denn der Wohlhabende ist scheinbar der größte Egoist. Frei nach dem Motto „Lass doch die asozialen Arbeitslosen verhungern. Hauptsache, ich habe Hummer, Champagner und Kaviar en Gros!" kann man natürlich derartige Äußerungen von sich geben. Voraussetzung für diese Aussage ist die Tatsache, dass man jegliches menschliche Mitgefühl an der Garderobe abgegeben und für eine Kaution von tausend Euro sicher zur Wiederabholung hinterlegt hat.

Aber noch einmal zurück zu der „Armenspeisung" nach Sarrazinvorstellungen. Nach der genauen Berechnung des Finanzsenators bewegt sich der sozialdemokratische Armenkoch auf Tagessätzen zwischen 3,76 Euro und 3,98 Euro. Dieser Betrag muss doch vollkommen ausreichen. Zu allem Überfluss bleiben dem Hartz 4 Empfänger sogar 4,25 Euro täglich um ein „ausschweifendes Luxusleben" zu führen und sich täglich den Wanst mit kulinarischen Köstlichkeiten vollzuschlagen.

Wenn man Sarrazin und einigen anderen „Hartz 4"
Feinden glaubt, dann müsste wie folgt gerechnet wer-
den:
Monatliches Hartz 4 wie folgt:

1. Getränke:

Der Mensch benötigt drei Liter Flüssigkeit am Tag. Das
muss ja nicht Saft oder Limonade sein. Da reicht natürlich kaltes Wasser aus der Leitung. Abermilliarden
Menschen auf der Erde geht es genauso, und jene in
den Armutsgegenden in Afrika oder Asien haben nicht
einmal sauberes Trinkwasser. Also ist unser sauberes
Leitungswasser ein unbeschreiblicher Luxus. Wasser
löscht auch den Durst und das reicht vollkommen aus.

Also Gesamtbetrag für Getränke: 0,00 Euro

2. Finanzmittel für das Mittagessen:

Essen heutzutage ist ja auch nicht mehr so teuer. Wenn
man beim Aldi oder Lidl kauft, dann ist beispielsweise eine Dose Erbsen- oder Linsensuppe für einen Euro
zu bekommen. Daran kann man zwei Tage essen. Eine
Packung Spaghetti mit Sauce kostet -fertig abgepackt-
nur knapp fünfzig Cent und reicht als Mittagsmahlzeit
aus. Für fünfzig oder sechzig Cent kann man auch Dosenravioli oder ähnliches erwerben. Oder man kauft
sich wieder Suppe. Eine Dose Suppe kostet wie gesagt
einen Euro und man kann daran zwei Tage essen. Wenn
man sich jeden Tag eine andere Suppe kocht, ist das
natürlich auch ein hochkulinarisches Ereignis. Also
Mittagessen ist für täglich 0,60 Cent zu haben.

Gesamtbetrag für Mittagessen: 0,60 Cent x 31 Tage = 18,60 Euro

3. Finanzmittel für Frühstück und Abendessen:
Auch hierbei kann man alles ganz genau bestimmen. Eine Packung Brot kostet im günstigsten Fall beim nächstbesten Aldi oder Lidl nur 1,29 Euro. In solch einer Packung befinden sich zwölf Scheiben. Wenn man morgens und abends jeweils zwei Scheiben verzehrt, dann reicht eine Packung drei Tage. Der Monat hat dreißig, maximal einunddreißig Tage. Wenn man also drei Tage mit einer Packung auskommt, muss man erst am vierten Tag neues Brot kaufen. Das bedeutet zehn Packungen Brot im Monat. Macht insgesamt 12,90 Euro. Sollte es einen einunddreißigsten Tag geben, dann sind sogar zweimal zwei Brötchen für morgens und abends erlaubt, also vier Mal dreißig Cent macht 1,20 Euro! Insgesamt bedeutet dies 14,10 Euro.
Für Wurst und Käse gilt ähnliches. In einer Packung Wurst (egal ob Salami oder Schinken) sind meist acht Scheiben. Gleiches gilt für Käse. Eine Packung kostet im teuersten Fall zwei Euro. Bei Wurst und Käse sind dies insgesamt vier Euro. Wenn man also morgens und abends jeweils eine Scheibe Brot mit Wurst und eine mit Käse verzehrt, dann reicht der Belag für vier Tage. Das macht im Monat maximal achtmal einkaufen für insgesamt dreißig Euro. Erlaubt ist monatlich ein Päckchen Margarine für 1,50 Euro.

Gesamtbetrag für Frühstück und Abendessen: 45,60 Euro.

4. Genuss von Alkohol und Zigaretten:

Beides überflüssig und nicht lebensnotwendig. Diese Ausgaben hierfür können vollkommen eingespart werden.

Gesamtbetrag für Alkohol und Zigaretten: 0,00 Euro.

5. Bekleidung:

Auch hierbei kann man deutlich sparen. Man muss ja nicht gerade etwas von Gucci, Prada oder Adidas kaufen. Auch Kleidung von KiK ist hierbei vollkommen ausreichend. Wenn man hochrechnet und sehr großzügig zum „Sozialschmarotzer" ist, dann macht dies wie folgt eine Berechnung:
Ein Oberhemd im Monat reicht aus. Beim KiK sind dies fünf Euro. Dazu dann ein Unterhemd für zwei Euro, eine Unterhose für einen Euro, ein Paar Socken für einen Euro und alle drei Monate eine Hose für zehn Euro. Wenn man auf die Hose spart, sind das im Monat 3,34 Euro. Kosten für Schuhe werden überhaupt nicht gezahlt. Diese hat man sich gefälligst aus der Kleiderkammer zu holen.
Kosten für Wäschegeld sind einmal im Monat zwei Euro für den Waschsalon. Fertig, aus!

Gesamtbetrag für Bekleidung: 14,33 Euro.

Luxus ist im Übrigen überflüssig und wird nicht übernommen. Im Optimalfall zahlt man noch monatlich fünf Euro für Obst oder Gürkchen zum Brot.

Insgesamt wäre dies ein folgender Hartz 4-Auszahlbe-
trag:

1. Getränke: 0,00 Euro
2. Mittagessen: 18,60 Euro
3. Frühstück und Abendessen: 45,60 Euro
4. Alkohol und Zigaretten: 0,00 Euro
5. Bekleidung: 14,33 Euro
6. Luxus: 5,00 Euro

_____

Gesamtauszahlbetrag: 83,53 Euro.

PS: Miete und Nebenkosten (Strom, Wasser, Heizung)
sowie Kabel- und GEZ-Gebühren werden direkt vom
Amt an die jeweiligen Stellen überwiesen. Eine normale Wohnung ist natürlich nicht drin. Man kommt nämlich in ein Obdachlosenasyl oder andere Ein-Zimmer
Behelfsheime, welche maximal fünfzig Euro kosten
und daher relativ günstig für Staat und Steuerzahler
sind.
Sollte es doch den Luxus einer kleinen Wohnung geben, dann wird das Geld direkt vom Staat als Almosen
an den Vermieter bezahlt. Dadurch kann man den Leistungsempfänger noch mehr in seiner Menschenwürde
beschneiden und entwürdigen.

Natürlich kann man es dem sowieso schon leidgeplag-
ten Hartz 4 Empfänger noch schwerer machen, wenn
man das Hartz 4 nicht einmal monatlich, sondern einmal wöchentlich auszahlt. Jeden Montag direkt beim
Sozialamt erhält der jeweilige Leistungsempfänger genau 20,89 Euro auf die Hand.
Wenn man dieses Hartz 4 einmal monatlich auszahlen

würde, dann bestünde ja noch die Gefahr, dass er alles am ersten Tag versäuft. Die wöchentliche Auszahlung wäre für Sozialleistungskritiker sicherlich die beste Lösung. Außerdem haben dann auch die Beamten und Angestellten auf den Ämtern und Behörden genug zu tun.

Aber wenn dies Herrn Sarrazin auch noch zu viel Luxus für einen Menschen ist, der aus dem Arbeitsleben gefallen ist, dann bestünde noch folgende Möglichkeit:
Man übernimmt die Miet- und Nebenkosten und drückt dem Hartz 4-Empfänger GAR KEIN GELD IN DIE HAND! Er bekommt NICHTS. NICHT EINEN CENT!!!
Dafür darf er sich aber einmal pro Woche ein Fresspaket aus abgelaufenen Lebensmitteln bei der nächstbesten Tafel abholen. Natürlich aber auch genau unter der Bedarfsberechnung. Wenn er neue Klamotten braucht, dann darf er einmal im Quartal zur Kleiderkammer.

Aber mal ehrlich: Es gibt einige Politiker, die meinen, dass es einigen Hartz 4-Empfängern besser geht als der arbeitenden Bevölkerung. Vom Gerechtigkeitssinn her darf dies doch eigentlich nicht sein. Wer arbeiten geht, sollte doch schon mehr Geld zu seiner freien Verfügung haben als jener, der nicht arbeiten geht.
Werfen wir doch mal einen Blick auf das Einkommen möglicher Geringverdiener. Eine Friseurin, eine Kosmetikerin oder eine Kassiererin im Supermarkt. Haben diese Berufsgruppen, sofern sie in einem Singlehaushalt leben, überhaupt den Hartz 4-Satz von 351 Euro nur „zum Verknallen" oder besser gesagt zum Leben? Dieser These, dass es Personen aus diesen Berufsgruppen gibt, denen weniger Geld zum Leben bleibt, sollte

man mal auf den Grund gehen.

Beispiel:
Eine Friseurin, 25 Jahre und alleinstehend, hat durchschnittlich ein Nettoeinkommen von ca. 900 Euro. In diesem Beispiel arbeitet die Friseurin nicht schwarz.

Einkommen: 900 Euro
abzüglich Miete für eine normal eingerichtete Zweieinhalb-Zimmer-Wohnung in der Innenstadt in einem durchschnittlichen Viertel. Dies bedeutet eine Kaltmiete von ca. 300 Euro.
Hinzu kommen Nebenkosten für Strom, Wasser, Heizung, Müllabfuhr, GEZ, Kabelfernsehen von knapp hundert Euro.
Dann bleiben für das erste nur noch fünfhundert Euro über.
Jetzt leistet sich „unsere" Friseurin noch einen zehn Jahre alten Fiat Panda. Natürlich ist dies kein Luxusauto. Aber die Versicherungskosten betragen im Monat knapp 100 Euro. Wenn die genannte Hairstylistin auch nur einmal im Monat volltankt, dann kommen noch 80 Euro dazu. Insgesamt gehen dann noch 180 Euro für jenes Auto drauf, das sie benötigt, um zu ihrem Arbeitsplatz zu kommen.
Somit bleiben noch 320 Euro über.
Die Friseurin zahlt monatlich für ihre Altersvorsorge noch fünfzig Euro in eine Lebensversicherung ein. Dieses ist sicherlich kein Luxus in der heutigen Zeit mehr, sondern eine wichtige Kapitalanlage für die Zukunft.

Fazit: Unserer vollzeitarbeitenden Friseurgesellin bleiben noch 270 Euro für Lebensmittel, Kleidung und sonstige Wünsche. Diese Dame geht Vollzeit arbeiten und hat fast hundert Euro weniger zur Verfügung als ihre Hartz 4 „Kollegen". Dieses dürfte man doch eigentlich nicht als „richtig" bezeichnen.

Natürlich gibt es jetzt wieder Zweifler, welche sagen: Okay, die Dame hat aber noch einiges an Trinkgeld. Haben dies aber auch Kassiererinnen?

Diese ganzen Zeilen sollten aber jenen, die behaupten, Hartz 4 sei zu hoch, zu denken geben.

4. Die Rentenlüge

Gibt es eventuell irgendwelche Sachen, die Sie, liebe Leser, komplett nerven? Mich nerven Rentner.

Besonders drei Arten von Rentnern:

Erstens die in der Supermarktschlange: Diese Situation kennt sicherlich jeder. Man muss schnell etwas einkaufen, aber ein älterer Herr steht genau vor Ihnen. Sie haben wirklich gar keine Zeit, müssen zur Arbeit oder der Bus fährt oder was auch immer. Dieser Typ Rentner kauft nicht viel ein, denn er geht jeden Tag zum Einkaufen und dann steht der da: 1 normales Brötchen, 1 Päckchen Butter und eine Bildzeitung. Doch er ist im Vorteil. Er hat den entscheidenden Elfmeter, er hat den Matchball, denn er steht vor Ihnen. Dann geht es los. Ja, Butter leiste ich mir noch. Früher im Krieg gab's nur Schmalz. Schließlich meldet sich die freundliche Kassiererin zu Wort: „Das macht genau zwei Euro und fünfundsechzig Cent!". Er kramt, er kramt. „Moment, ich habe es passend." 1,50, 1,55, 1,65, 1,90... „Schauen sie mal junge Frau sind das 50 PFENNIG?" 2,25, 2,40, 2,55, 2,65. „Oh, passt nicht tut mir leid, dann muss ich doch wechseln."

Die zweite Art Rentner sitzt in den Zügen der deutschen

Bahn und versucht ums Verrecken mit Ihnen zu kommunizieren. In der Regel fragen sie nach Ihrem Reiseziel. „Na, fahren Sie auch nach Flensburg?" „Nein, ich steige Hamburg-Harburg um". „Ach, Hamburg-Harburg da wohnt meine älteste Tochter. Die hat vor sechsundzwanzig Jahren in Lüneburg Pharmazie studiert, dann hat sie dort ihren Mann kennengelernt. Erst haben die beiden in Winsen gewohnt, anschließend in Maschen und sind nun nach Harburg gezogen". Es beginnt somit ein nimmer enden wollender Monolog.

Aber diese Fragen nach dem Reiseziel stellen sie nicht nur im Zug. Nein, auch im Flieger.

Ich hatte neulich einen Auftritt in der Schweiz und bin von Hamburg aus geflogen. Neben mir saß auch eine ältere Dame, und die meinte: „Fliegen Sie auch nach Zürich?". Da meinte ich: „Nein, ich springe über Salzburg ab". Nein, so etwas habe ich natürlich nicht gesagt. Ich habe gesagt: „Wie, Zürich? Ich bin Yussuf von der Hisbollah. Ich gleich gehen ins Cockpit!".

Und diese Rentner in den Zügen brauchen 4 Plätze für Hut und Mantel etc.

Vor einer Woche war ich auf dem Weg nach Hannover, da saß im ersten Waggon eine Oma. Neben ihr auf dem Sitz eine kleine blaue Tüte. Ich habe die gar nicht gesehen und hätte mich da fast raufgesetzt, da keift die mich an: „Passen Sie gefälligst auf die Eier auf" Da wollte ich sie besänftigen. „Ach so, da sind Eier drin?" „Nee", sagt sie „Stacheldraht".

Auch neulich saß ich wieder im Zug. Der Zug fährt gerade los und es erklingt eine nette weibliche Stimme und sagt: „Meine Damen und Herren. Herzlich Willkommen an Bord des Intercity Bodensee von Uelzen nach Hannover mit Halt in Unterlüss, Eschede, Celle und Langenhagen Mitte. Bei Fragen, Anregungen und

Wünschen wenden Sie sich bitte vertrauensvoll an den Führer!" Meldet sich die ältere Dame neben mir: „Ach was, der lebt noch?" Gut, dachte ich mir, „Spaß muss sein". Ich gehe auf den Gang zu diesem Fernsprecher und gebe durch: „Hallo, hier ist der Führer, die erste Klasse finden Sie im vorderen Zugteil und das Bord-Bistro in Wagen 6".

Die dritte Art Rentner ist die Schlimmste. Die sitzt im Auto. Meist so ein alter Mercedes 190. Mit Klorolle, Porzellanpüppchen und Wackeldackel auf der Hutablage. Du denkst, der Hut fährt alleine vorbei. Und die fahren außerorts Landstraße Strich 50. Ich versteh nicht, warum alte Leute so langsam fahren. Normalerweise fährt man doch schneller, wenn man weniger Zeit hat. Die fahren mit 30 in die Kurve, stellen vor der Kurve den Motor ab, und hoffen, dass sie mit dem Fahrtwind durch die Kurve kommen.

Aber Rentner können auch lustig sein. Besonders die, die im Park hocken und Tauben füttern. Wenn dann zum Beispiel ein paar Jogger rumkommen, dann wird es witzig. Da wird auch schon mal etwas hinterhergerufen wie: „Hopp Hopp". Und innerlich denken sie sich: Als ich das letzte Mal so laufen musste, sind die Russen in Ostpreußen eingefallen.

Ja, ich war als Jugendlicher in der Freiwilligen Feuerwehr, wir hatten einen Übungseinsatz und ich rannte in Feuerwehruniform, da fragt mich so'n Rentner ganz geschwollen: „Wohin des Weges, du Herr des Feuers?" Da guckte ich ihn an und sagte: „Zum Herd des Brandes, du Loch des Arsches".

Wenigstens setzen ältere Leute noch auf Sitten und Bräuche von früher. Besonders auf positive. Auf Hochzeiten hat mir meine Großmutter immer in die Seite geknufft: „Du bist der Nächste, du bist der Nächste." Das war so nervig. Das hat erst aufgehört, als ich anfing mit ihr dasselbe bei Beerdigungen zu machen!

Aber ich bin ja froh, dass Rentner wenigstens noch lachen können. Ich meine, mit der Rente sieht es ja auch nicht mehr so toll aus. Aber vor einigen Jahren hat ein Politiker denen noch ziemlich Mut gemacht. Ich sage nur: „Die Rente ischt sischer". Fragt sich nur, welche und wie hoch ? Ab Jahrgang 1970 heißt es mittlerweile „Rente mit 67 Jahren". Zwischen den Zeilen ist schon Rente „mit siebzig" zu hören. 70 Jahre! Wenn du mit 70 Jahren über den Friedhof gehst, dann binden sich die Würmer schon Lätzchen um. Das ist in vielen Berufen auch gar nicht praktikabel. Dachdecker zum Beispiel. Stellen Sie sich vor: Ein 70-jähriger Dachdecker! Bis der auf das Dach gekraxelt ist, ist schon wieder Feierabend.

In diesem Zusammenhang sollte man sich mal Folgendes vor Augen führen: Man soll bis siebenundsechzig oder im schlimmsten Fall bis siebzig Jahre an dem Arbeitsplatz stehen, den man schon mit fünfzig verloren hat! Früher gab's die Riester-Rente, heute gibt's die Heesters-Rente.

Vor allen Dingen. Schwere Vergesslichkeit geht laut einer medizinischen Studie schon mit durchschnittlich dreiundfünfzig Jahren los. Stellen Sie sich vor wie es dann mit siebenundsechzig oder siebzig Jahren sein könnte! Dann dürfen die 70-jährigen Arbeitnehmer wahrscheinlich gar keine Pause mehr machen, weil man Angst haben müsste, man müsste den Opi nach der Mittagspause neu anlernen.

Das Problem der Rente ist: Es gibt immer weniger Ge-

burten und die Menschen werden immer älter.
Die Bevölkerungspyramide steht kopf. Es kommen ja
jetzt schon auf 2 Windelträger 21 Gebissträger.
Obwohl, Opis und Omis sind ja genauso wie Babys.
Keine Haare, keine Zähne und machen in die Hose.
Fakt ist Folgendes: Die Rente wurde Anfang des vor-
letzten Jahrhunderts von Bismarck erfunden. Renten-
eintrittsalter war 65 Jahre. Die durchschnittliche Le-
benserwartung lag bei 57. Das war natürlich sehr gut
finanzierbar.

Beiträge zur Sozialversicherung werden als „Lohnne-
benkosten" bezeichnet. Arbeitgeber und Arbeitnehmer
zahlen jeweils zur Hälfte ein. Aber es gibt ja immer
noch die Möglichkeit der privaten Renten. Diese sollen
angeblich relativ sicher sein. Diese Sicherheit entsteht
allerdings nur dadurch, weil im Notfall der Steuerzahler einspringt, wenn sich die Kreditbonzen wieder einmal verzockt haben.
Als Grundsatzlüge kann man die „Riester-Rente" bezeichnen. Diese soll die Altersarmut verhindern. Trotz
alledem lohnt sich für „Otto Normalverbraucher" jene
Riester-Rente nicht, wenn er erst 2040 in Rente geht
und nicht mehr als 32 Jahre voll in die gesetzliche Rentenkasse eingezahlt hat.
Diese Riester-Rente ist allerdings nur eine Art „Renten-
lotterie". Man weiß letztendlich nicht, was man erhält.
Wenn man sich dieses Konzept genau ansieht, dann
kann man sich auch Lose der Glücksspirale holen, und
auf die 3.500 Euro Sofortrente hoffen, die sogar noch
vererbbar ist. Außerdem hat man ganz nebenbei noch
einen „guten Zweck" erfüllt, und man hat das Wohltä-
tigkeitsgewissen erleichtert.

Kapitel 5:
Wirklich alles für den guten Zweck?
Die Wohltätigkeitslüge

Der Mensch an sich gilt als wohltätig. Vorausgesetzt, dass er sich bei seiner Wohltätigkeit nicht selbst um Wohlstand beschneidet. Millionen Menschen „spenden" an das SOS Kinderdorf, Brot für die Welt oder die Caritas. Dem Verbraucher werden „Bettelbriefe" ins Haus gesendet. Damit jene wirklich dem Leser ans Herz gehen, werden gerne Bilder von fast verhungerten Afrikanern gezeigt. Gerne wird hierbei sogar der potenzielle Spender als Ursache für dieses Leid benannt. Von IHREN zwanzig Euro kann ein Kind in Äthiopien einen Monat leben. Von IHREN zehn Euro kann die Wasserversorgung im Kongo verbessert werden. Man könnte dies auch anders ausdrücken: WEIL SIE GEIZ-KRAGEN WIE EIN GEIER AUF DEN MONETEN SITZEN, MÜSSEN DIE ARMEN NEGER VERHUN-GERN! Unterton: Her mit der Kohle, aber schnell. Wieso wird dem Spender noch ein schlechtes Gewissen eingeredet, dass er eine Teilschuld für das Hungerleid der Erde trägt, nur weil er bisher nicht gespendet hat? Die „Bettelbriefe" sind mittlerweile zu Wunschzettel und Forderungen geworden. Es wundert mich sowieso, dass die „karikativen Vereine" bisher noch keine Mahnungen bei Nichtspendern verschicken. „Leider ist Ihrer Aufmerksamkeit entgangen, dass Sie vergessen haben im letzten Monat zwanzig Euro an die Welthungerhilfe zu überweisen. Wenn Sie dieser Spende nicht nachkommen, werden wir dies umgehend an das Forderungsmanagement zum Eintreiben weitergeben. Auf Inkassokosten werden wir verzichten, wenn Sie sich unverzüglich dazu bereit erklären, ein guatemalisches Kind zu adoptieren!"

Überall will man auf Mitleid machen und auf unsere Tränendrüse drücken. Wer will schon ALLEINSCHULD daran tragen, weil eine Mutter in der Sahel-Zone sich die Seele aus dem Leib weint und schreit, da sie gerade ihr kleinstes Kind an den Hungertod verloren hat?

Was sich nur jeder fragen sollte, ist Folgendes: Kommen die Spenden in der richtige Höhe auch bei den gewünschten Bedürftigen an? Werden nicht noch irgendwo Verwaltungsgebühren abgezogen? Werden von den Spenden nicht auch irgendwelche Angestellten bezahlt? Landen die Spenden vielleicht sogar bei der Rüstungsindustrie? Möglicherweise werden von unseren -vom Mund abgezwackten- Spenden keine hungrigen Mäuler gestopft, sondern irgendwelche Soldaten mit „notwendigen" Maschinengewehren versorgt.

Aber eins sollte jedem „Spender" klar sein: Bevor er vor eigener Rührung das Kopfkissen nass heult, sollte er sich seiner eigenen Staatsbürgerschaft besinnen und daran denken, dass die meisten Dritte-Welt-Länder gar nicht arm wären und verhungern müssten, wenn sie nicht durch die Industrienationen ausgeplündert worden wären. Der weltweite Spender lindert quasi nur die Not, die er und seine „wohltätigen" Landsleute verursacht haben.

Seit dem Unicef Deutschland Skandal sollte ein gewisses Misstrauen gegenüber diesen „wohltätigen Organisationen" entstehen. Viele Deutsche machen das scheinbar Richtige. Sie spenden vor Ort. An Krebskrankenhäuser, an Kinderhospize oder Kinderheime. Nur mit dem Unterschied: Sie bringen die gesammelte (oder gesparte) Spende selber hin und geben das Geld der Institution vor Ort! So ähnlich sieht man es mittlerweile auch auf deutschen Straßen. Wenn dort irgendein Bettler oder Berber sitzt, dann gibt es schon viele Menschen, die dem Bedürftigen lieber aus der nächsten Bäckerei ein belegtes Brötchen oder ein Stück Kuchen holen, statt ihm Geld in die Hand zu drücken. So gehen die Spender in ihrem Gewissen auf Nummer sicher. Wenn er Essen und kein Geld kriegt, dann kann er es ja nicht versaufen. Immerhin hat er wegen „Hunger" gebettelt und nicht wegen Durst!

Der Spender fühlt sich meist richtig wohltätig. Er hat mit seinem kleinen Almosen den Hunger des Bettlers gestillt, und mit seinen zwanzig Euro in Afrika kann jetzt ein Kind einen Monat essen. Nun darf er nicht vergessen, wenn er statt zwanzig vierzig Euro spendet, dann können zwei Kinder einen ganzen Monat lang essen, wenn er sogar sechzig spendet, dann drei! Und wenn er selber nur noch trocken Brot isst und Leitungswasser trinkt, wenn er selber in eine Armenunterkunft zieht und sein ganzes Monatsgehalt brav und demütig nach Afrika schickt, dann kann er das ganze Negerdorf einen Monat lang beköstigen.
Leider wird man durch „Spenden" an Bedürftige nicht einen Deut angesehener. Anders ist es natürlich, wenn man dem Staat sein Geld schenkt. Wenn man freiwillig seine gesamten Ersparnisse der Stadt übergibt, wovon sich diese ein Denkmal kaufen kann, dann wird mit etwas Glück sogar noch eine Seitenstraße nach dem Gönner benannt.

Mittlerweile heißt es ja auch nicht mehr „Wohltätigkeit", sondern „Charity". Im Zeitalter der Anglizismenverdummung muss natürlich alles einen englischen Namen tragen. Gerne laden auch Prominente zu sogenannten „Charitygalas" ein. Genau wie in Reinhard Mey's „heißer Schlacht am Kalten Buffet" gehen die Überschusseinnahmen an „Brot für die Welt".

Man beachte das Wort: ÜBERSCHUSSEINAHMEN. Die Resteinnahmen gehen natürlich für das Partygelage drauf. Die „oberen Zehntausend" nehmen es natürlich den notleidenden Menschen, besonders Kindern nicht übel! Immerhin geben die Bedürftigen ihnen einen An-lass, sich mit „ihresgleichen" zu treffen.

Doch statt Gesprächen über Hilfsprojekte werden wahr-scheinlich nur die eigenen Film- und Fernsehprojekte Gegenstand der Unterhaltungen sein. Hauptsache, man kommt sich wichtig vor.

Wie verblödet muss sich denn der Zuschauer vor-kommen, vorausgesetzt, er merkt es überhaupt noch, wie dumm er ist. Millionäre und Multimillionäre mit Champagnergläschen und ihren Handtaschenwaldis mit Diamanthalsband denken ernsthaft an jene, de-nen es schlechter gehen soll? Wohl kaum! Gegenstand ist doch nur die Party. Aber der verblödete Deutsche klatscht am roten Teppich Beifall, weil sich die High Society zu einer „Spendengala" trifft. Natürlich klingt „Charity- oder Spendengala" besser als „Wir wollen uns mit Edelschampus dicht saufen und mit Hummer und Kaviar vollfressen-Party".

Ein Musterbeispiel der Wohltätigkeit ist Ute „meine Tochter hat aufgespritzte Lippen wie Fahrradschläu-che" Ohoven. Sie soll angeblich in den letzten siebzehn Jahren über 30 Millionen US-Dollar für ihre Unesco Stiftung gesammelt haben.

Unter dem Titel „Champagner statt Charity" berichtete der Stern 2005 von einer Gala von Frau Ohoven. Fern-sehstarkoch Tim Mälzer hatte im Rahmen einer Cha-rityauktion bei genannter Gala eine Prunkuhr für über

50.000 Euro zugunsten Ohovens Stiftung ersteigert. Galaveranstalter Christian Marek überwies statt der eingenommenen knapp 68.000 Euro nur 11.000 Euro an Frau Ohovens Stiftung. Die übrigens 57.000 wurden für das Buffet und die Getränke der anwesenden Promis abgezogen. Mit anderen Worten: Tim Mälzer hat nicht 50.000 Euro an die Bedürftigen gespendet, sondern unbewusst und ungewollt die ganzen Stars und Sternchen die anwesend waren einen Abend lang mit Nobelfraß und Luxusdrinks freigehalten. Jener Mälzer kann jetzt sagen: „Ich habe zwar nix gespendet, aber alle eingeladen!" Der arme Kerl muss sich ja derart verarscht und ausgebeutet vorkommen!

Mit anderen Worten: Der Wohltätige ist immer der Dumme und wird ausgebeutet. Viele Alten- und Pflegeheime sowie andere medizinische Bereiche im Gesundheitswesen benutzen „ehrenamtliche Helfer" dazu, bezahlte Stellen abzubauen. Dieses wird gerne ausgenutzt. Gerne auch von der Politik. Der Senat in Berlin strich im Jahre 2007 einer Suppenküche für in Armut lebende Kinder alle staatlichen Mittel, um scheinbar

Spenden von „wohltätigen Mitbürgern" zu erpressen.
Herzlichen Dank!

Kapitel 6:
Gleichheit vor dem Gesetz?
Von wegen!

„Wenn zwei das Gleiche tun, ist es lange noch nicht
dasselbe"- so lautet ein altes Sprichwort aus dem deutschen Volksmund. Und, oh Wunder - es soll Recht behalten. Dieses gilt sogar bei jenen Stellen, bei denen die
Gleichheit Pflicht sein sollte, nämlich vor dem Gesetz.
Scheinbar sieht die Realität anders aus. Wie oft hört
man von Urteilen bei Prominenten, welche scheinbar
einen Bonus vor dem Richter bekommen? Was ist denn
mit Ben Tewaag, dem Sohn von Uschi Glas? Wie oft
stand er denn vor dem Richter wegen Straftaten wie
„schwerer Körperverletzung" oder „Verstoß gegen das
Betäubungsmittelgesetz"? Das kam doch relativ häufig vor. Die Strafen sollten dem Angeklagten in diesem
Fall doch nicht mehr als ein müdes Lächeln abringen.
Gefühlt hat jener Glas-Sohn schon hundertundeinvier-
zig Bewährungsstrafen erhalten.
Aber eigentlich dürfte es doch keinen Promibonus geben. Denn selbst wenn wirklich mal ein Prominenter
hinter Gitter muss, genießt er deutliche Vorteile. Ein
gutes Beispiel hierfür ist TV-Schauspieler Karsten
Speck. Dieser musste wegen „schweren, mehrfachen
Betrugs" für einige Zeit hinter Gitter. Allerdings wurde
er zwischendurch „raus gelassen", damit er seine ZDF-
Serie „Hallo Robbie" weiterdrehen konnte. Wie sähe es
denn bei „Otto Normalverbraucher" aus? Dürfte dieser
denn trotz Gefängnisstrafe ohne Bewährung seinem
Job als Maurer bei Firma Müller und Söhne tagsüber
nachgehen? Mit Sicherheit nicht! Er würde seinen Job

verlieren, und nach seiner Entlassung aus der Justiz-vollzugsanstalt arbeitslos auf der Straße stehen. Dieses wäre dem Vorsatzbetrüger Herrn Speck ja nicht zuzu-muten.

Oder nehmen wir doch mal den mittlerweile verstor-benen Michael Jackson. Dieser stand wegen „Kindes-missbrauch" und „Verführung Minderjähriger" vor dem Gericht. Diese „Vergehen" ziehen in den USA eine sehr lange Haftstrafe nach sich. Gefühlt wurde schein-bar niemals wirklich die Schuld von Jackson überprüft. Er zahlte an die „Missbrauchsopfer" Millionensummen und hatte sich damit -sofern er schuld war- von seiner Gefängnisstrafe freigekauft. Die Jury entschied beim Anblick dieser „Entschädigung" auf „nicht schuldig".
Was wäre denn, wenn der 47-jährige Peter Heidenreich (Name frei erfunden) nach Jahren des Autoschiebens sowie Drogen- und Waffenhandels „hochgenommen" wird? Bekommt dieser denn statt einer langjährigen Haftstrafe einen Freispruch, wenn er bereit ist, eine oder mehrere Millionen von seinem ergaunerten Geld an die Welthungerhilfe zu spenden oder für die Krebs-forschung zu überweisen? Vielleicht nicht. Möglicher-weise sieht dies anders aus, wenn er bereit wäre, sein gesamtes Geld dem Staat zu schenken.
Frei nach dem Sprichwort „Die großen Diebe hängt man, die Kleinen lässt man laufen" ist es scheinbar wichtiger, dem Verkehrssünder mit einer Erzwingungs-haft zu drohen, weil dieser sein Ticket fürs Falschpar-ken von zehn Euro noch nicht überwiesen hat, als sich wirklich um die Großkriminellen zu kümmern. Der „kleine Mann" soll immer sofort ins Gefängnis. Fahr-rad geklaut, hundert Euro Geldstrafe nicht fristgerecht bezahlt, zieht umgehend eine „Ladung zum Strafan-

tritt" nach sich. Wenn er der Ladung nicht nachkommt, dann wird er sofort mit Haftbefehl gesucht. Dieses ist kein Kabarett, sondern tatsächlich deutsche Bürokratie. Letztendlich sitzt er bei seinem Tagessatz von 25 Euro für einen Fahrraddiebstahl vier Tage im Gefängnis.

Der „kleine Mann" bekam quasi vier Tage Knast für den Diebstahl eines Fahrrades, welches vielleicht nur noch fünfzig Euro wert ist. Der Deutsche-Bank-Chef Josef Ackermann kam im Februar des Jahres 2007 im Mannesmann-Prozess mit einer Geldauflage und einer Verfahrenseinstellung davon. Also, quasi Freispruch zweiter Klasse. Dass diese „Geldauflage" 3,2 Millionen Euro waren, dürfte dem Bonzen nicht sonderlich weh getan haben. Trotz seiner betrügerischen Handlungen gilt er, durch die Verfahrenseinstellung, nicht mal als vorbestraft. In seinem Führungszeugnis steht weiterhin „kein Eintrag!". Er gilt als unbescholtener Bürger, während dem kleinen Mann der Fahrraddiebstahl noch mindestens fünfundzwanzig Jahre im Führungszeugnis kleben bleibt. Mit einem Eintrag in dieses Register disqualifiziert sich der kleine Mann auf Lebenszeit für jeden Job im „öffentlichen Dienst" - und nur wegen eines -vielleicht im Suff geklauten- Fahrrades.

Wenn sich Malergeselle Herr Schulze finanziell verspekuliert, dann kann es passieren, dass er einen Offenbarungseid beim Amtsgericht ablegen muss. Kommt er dieser Ladung „zur Abgabe der eidesstattlichen Versicherung" nicht nach, dann wird (wieder einmal) ein Haftbefehl erlassen und er sitzt so lange in Erzwingungshaft (früher: Beugehaft), bis er diese eidesstattliche Versicherung abgegeben und das „Vermögensverzeichnis" ausgefüllt hat. Wenn er beim Ausfüllen des genannten Verzeichnisses auf nur eine Frage unwahr oder „in zu geringem Umfang" antwortet, dann kann eine Anklage erhoben werden, und der arme Malergeselle wandert für bis zu drei Jahre wegen „falscher eidesstattlicher Versicherung" ins Gefängnis.

Anders ist es natürlich bei den „oberen Zehntausend". Altkanzler Helmut Kohl stand im Jahr 2001 als Hauptverantwortlicher im Ermittlungsverfahren wegen Untreue zum Nachteil seiner Partei vor Gericht. Diese „Spendenaffäre" ging um die ganze Welt. Das Verfahren gegen Kohl wurde vor Gericht „wegen geringer Schuld" gegen eine Geldauflage von -für ihn lächerlichen- 300.000 Euro eingestellt. Wie im Beispiel von Josef Ackermann gilt auch Helmut Kohl heute noch auf dem Papier als „unbescholtener Bürger". Auch er erhält keinen Eintrag ins „Führungszeugnis".

Gegen Helmut Kohl wurde nie Haftbefehl mit anschließender Erzwingungshaft erlassen. Mit einer Beugehaft hätte man die Namen der Spender „erzwingen" müssen. Altkanzler Kohl hält bis heute zu seinem verfassungswidrigen Ehrenwort. Die Spender hat er bis zum heutigen Tage nicht genannt!

Diese Beispiele von „Ungleichheit vor Gericht" wollen mir nicht ausgehen. VW-Personalvorstand Peter Hartz wurde im Januar 2007 vom Landgericht Braunschweig wegen Untreue und Begünstigung zu zwei Jahren auf Bewährung zuzüglich 576.000 Euro Geldstrafe verurteilt. Er hatte Untreue und Betriebsratsbestechung in „lediglich nur" 44 Fällen zugegeben. Ihm drohten aber bis zu 15 Jahre Haft.

Ein Beispiel im Vergleich - ebenfalls aus dem realen Leben.

Ein 35-jähriger Mann hat sich im Jahr 2006 in Kamen für eine Nacht ein Hotelzimmer für 80 Euro gemietet.

Weil er in seinem Zimmer kein warmes Wasser hatte, sein Fernseher defekt war und ihm ein sehr schlechtes Frühstück serviert wurde, weigerte er sich die ihm zugesendete Rechnung zu bezahlen. Die Hoteldirektion erstattete sofort Anzeige. Der Mann wurde im Oktober 2006 zu 800 Euro Geldstrafe wegen „Einmietbetrug" verurteilt. Hinzu kommt Folgendes: Der „Beklagte" war nicht vorbestraft und kam nie mit dem Gesetz in Konflikt. Er hatte gegen jeden Bescheid Widerspruch eingelegt, welche abgelehnt wurden. Der Mann hat auch in diesem „Einmietbetrugsverfahren" nie vor einem Gericht gestanden. Vollkommen ohne eine Gerichtsverhandlung wurde er von der Staatsanwaltschaft Dortmund per „Strafbefehl" via Einschreiben rechtskräftig verurteilt. Nachdem er mit einem Rechtsanwalt auf dem Zivilwege gegen dieses Urteil klagen wollte, bekam er eine „Ladung zum Strafantritt" wegen Nichtzahlung der Geldstrafe zugestellt. Als er auch diese anfechten wollte, wurde zwei Wochen später ein Haftbefehl gegen ihn erlassen. Er sollte ersatzweise eine zwanzigtägige Freiheitsstrafe in der Justizvollzugsanstalt verbüßen. Erst als die Polizei ihn von zu Hause mit Haftbefehl abholte, zahlte er die 800 Euro Geldstrafe zuzüglich Polizeieinsatz- sowie Gerichts- und Verwaltungskosten. Dieser Mann galt ab dem Tag als vorbestraft, ohne dass er jemals die Chance hatte, sich vor Gericht zu diesen Anschuldigungen zu äußern.
Wo bleibt denn da die Gerechtigkeit und die im Grund-

gesetz unter Artikel 3 zugesicherte Gleichheit vor dem Gesetz?

Kapitel 7:
Verlogener Patriotismus?

„Ich bin stolz, ein Deutscher zu sein" oder „Ich liebe mein Vaterland" - wenn man noch vor wenigen Jahren diese Worte von sich gab, wurde einem sehr schnell braunes Gedankengut attestiert. Warum darf man als Deutscher eigentlich nicht „sein Heimatland" lieben? Nur weil man zwei Weltkriege „angezettelt" und verloren hat?

Im Sommer 2006 kam im Zusammenhang mit dem „Sommermärchen", der Fußball-Weltmeisterschaft in Deutschland, schnell der Patriotismus wieder. Menschen jeglicher Kultur und Hautfarben trafen sich zum „Public Viewing" vor Großbildleinwänden, man schwenkte Deutschlandfahnen und lag sich singend in den Armen. Zyniker könnten jedoch Folgendes behaupten: Wenn man einen Nazi von 1939 mit der Zeitmaschine in das Berliner Olympiastadion gebeamt hätte; auf der einen Seite stürmt Deutschland in die polnische Abwehr. Bei jedem Schuss wird der Arm gehoben, in altdeutscher Schrift stand auf einer Deutschlandflagge das Wort „Sieg" und überall hängen und wehen die Landesflaggen; der Nazi hätte gedacht es hat sich nichts geändert. Nur wer ist diese komisch jubelnde Frau auf Hitlers Platz?

Deutschland war in diesen Wochen ein Integrationsmodell. Menschen aus zahllosen Nationen waren „zu Gast bei Freunden" und es wurde gefeiert und gesungen. Als wären wir eine Welt. Fußball ist scheinbar die einzige und beste Art der Völkerverständigung. Gerade viele

Afrikaner oder Asiaten schwärmten zu Hause von diesem freundlichen, weltoffenen Staat in Mitteleuropa. Trotzdem blieb es ein sportlicher Wettkampf. Nach und nach wurden in Gruppenspielen und KO-Runden die Mannschaften von anderen Nationen eliminiert, bis ein Sieger feststand. Weltmeister Italien bezeichneten viele Nationen als „unbeliebtesten Weltmeister seit England 1966".

Die Weltmeisterschaft in Deutschland hat -gefühlt- jeden vorhandenen Pessimismus vertrieben. Stolz heftet man sich wieder die Erfolge „seiner" Mannschaft an die Brust. WIR sind Weltmeister oder WIR sind Papst. Die Leistung haben zwar andere erbracht, aber man gehört der siegenden Nation an. Dass nicht jeder von uns WM-Dritter ist, sondern nur 22 Mann, erkennt man daran, dass den übrigen 80 Millionen Deutschen keine Bronzemedaille zugeschickt wurde.

„Du bist Deutschland - du bist 80 Millionen", das war ein Slogan, der gerne in den Medien gefeiert wurde. Deutschland stellt wieder etwas dar, und wir alle gehören dazu. Jeder von uns ist auf seine Art ein kleines Puzzleteilchen, was zusammengesetzt eine große Deutschlandflagge ergibt.

„Wir sind wieder wer!" hieß es in Deutschland. Aber wer waren wir denn vorher, dass wir auf einmal wieder „wer sein müssen"? Deutschland hatte schon vor der gefeierten Weltmeisterschaft seinen Status in Europa zurückerarbeitet und gefestigt.

Allerdings gibt es ein Problem. Die Politiker und Volksvertreter werden auf den Ehrentribünen von den Fans stets lautstark ausgepfiffen, auch wenn Angela Merkel und Co. mit der Anwesenheit Volksnähe zeigen und demonstrieren wollten.

Aber kann man nicht irgendwie Fußball auch als Massenverblödung ansehen? Abermillionen Fans versammeln sich jede Woche in Stadien und feuern ihre Helden an. Die letzten Ersparnisse werden dann noch brav zusammengekramt, damit man „seinen" Verein im Europapokal-Spiel irgendwo in Nowosibirsk sehen kann. Natürlich sollte man jedem das Recht auf einen Verein zubilligen. Ganz egal, ob dieses nun der Hamburger SV oder Bayern München ist. Man sollte nur aufpassen, dass diese „Liebe" zu dem Fußballverein nicht in krankhaften Fanatismus ausartet. Gemeint sind natürlich insbesondere die Hooligans. Auch hierbei sollte man seine Augen öffnen, und im Hinterkopf behalten, dass die Hooliganszene kein alleiniges Problem der Engländer ist.

Beängstigend sind die „Fußballfeindschaften": Schalke und Dortmund oder Hannover 96 und Eintracht Braunschweig. Darf Fußballfreundschaft so weit gehen, dass die Bundespolizei gerade bei solchen Spielen auf Bahnhöfen und in Zügen patrouillieren muss, um eine Massenschlägerei der „verfeindeten" Fangruppen zu verhindern? Viele „Fans" scheinen sich in der Fußballwelt ein Ersatzleben „zurechtzuträumen", oder wie kann es soweit kommen, dass sich manche Männer sogar das Vereinswappen groß auf die Brust tätowieren lassen?

Eines darf man aber nicht aus den Augen verlieren: Es gab bei der Fußballweltmeisterschaft 2006 in Deutschland zwar keine Terroranschläge oder ähnliche schwere Vorkommnisse, aber es ging nicht in allen Städten friedlich und reibungslos ab. Tief im Untergrund gab es Krawalle von deutschen Hooligans und Nationalsozialisten, Fangruppen diverser Nationen prügelten sich teilweise durch die Straßen und zerstörten Kneipen und Gaststätten. Diese Tatsachen, welche es auch auf Videos gebannt gibt, wurden natürlich brav unter den Tisch gekehrt. Der Traum des „Sommermärchens" soll um jeden Preis kratzerfrei bleiben.

Jede Nation wurde in irgendeiner Stadt einquartiert, und bekam in fast allen Fällen von der jeweiligen Stadt ein rauschendes „Herzlich Willkommen bei Freunden"-Fest. Eine Frage bleibt offen. War jede Stadt zufrieden mit der zugeteilten Nation? Ob dies Göttingen als Gastgeber der Engländer oder Baden-Baden und Karlsruhe als Gastgeber der Holländer war, ist unbekannt.

Kapitel 8:
Gibt es wirklich Gleichberechtigung
von Mann und Frau?

1. Die Emanzipationslüge

Die Frau an sich glaubt heutzutage, sie habe absolutes
Oberwasser. Überzeugt von der Tatsache, dass den „letzten Schritt der Evolution ein Stöckelschuh macht", feiert
„frau" sich als Bundeskanzlerin, Fußball-Weltmeisterin
und Landesbischöfin. In den scheinbaren, ehemaligen
„Männerdomänen" tummeln sich jetzt Frauen. Frau-
en werden Soldaten, Astronauten oder Boxer. Frauen
fordern die Gleichberechtigung und Gleichstellung um
jeden Preis. Hierbei pickt „frau" sich gerne die Rosi-
nen raus. Alles dürfen, aber nichts müssen. Man will
beispielsweise als Soldatin zur Bundeswehr. Aber man
will es nicht müssen. Wenn Frauen die gleichen Rechte wollen, die Männer haben, dann aber bitte auch die
gleichen Pflichten. Warum kann man nicht ein Gesetz
erlassen, dass Frauen auch eine gesetzliche Dienstpflicht
haben? Also genauso wie die Männer. Entweder Bundeswehr oder Zivildienst. Eine Frau kann doch, wenn sie
nicht zur Bundeswehr will, genauso wie ein Mann mit
achtzehn oder neunzehn Jahren einen sozialen Dienst in
einem Krankenhaus oder Altenpflegeheim absolvieren.
Denn das Fordern nach Rechten zieht - wohl oder übel
- nun auch mal Pflichten nach sich.
Als ich meine These über eine „gesetzliche Dienstpflicht"
einer Freundin offenbarte, meinte diese nur, dass sie das
nicht gerecht findet: „Bundeswehr und Krieg spielen, ist
halt' nun mal Männersache!".

Aber wenn „Krieg spielen" wirklich Männersache ist, warum wollen dann mittlerweile so viele Frauen zur Bundeswehr als Soldatin?

Aber trotz des Einsatzes der Frauen in „Männerberufen", sei es im Straßenbau oder als Automechanikerin, die Frauen sind noch lang nicht emanzipiert oder gleichberechtigt. In Deutschland liegt der durchschnittliche Stundenlohn einer Frau rund 22 Prozent unter jenem der Männer - in den gleichen Berufen. Schlimmer als in Deutschland ist dies teilweise nur noch in einigen sogenannten „Ostblockstaaten" wie Estland oder Slowakei.

Deutschland sieht die Frau wie Apostel Paulus in der Bibel nur in der Rolle der Hausfrau und Mutter. „Das Weib sei dem Manne Untertan", so heißt es bei Paulus.

Man sollte sich mal vor Augen führen, was in Deutschland erst seit kurzem gesetzlich geregelt ist:

1. Erst seit 1958 dürfen Frauen ihr Vermögen selbst verwalten. Vorher war es Gang und Gebe, dass der Mann die Kohle einsteckte und das „Haushaltsgeld" seiner Frau zuteilte.

2. Ebenfalls erst seit dem Jahr 1958 dürfen Frauen ohne Zustimmung des Ehemannes berufstätig sein. Vorher war eine Zustimmung des Gatten notwendig, wenn jene Frau ebenfalls einer geregelten Arbeit nachgehen wollte. Zweifelsohne ist dieses schon relativ veraltet. Denn die Tatsache, dass eine Frau heutzutage ebenfalls arbeiten geht, hat sich mittlerweile stillschweigend zur Selbstverständlichkeit entwickelt. Dass dies vor über 50 Jahren mal anders war, wissen nur noch wenige.

3. Erst seit 1977 sind die Frauen nicht mehr zur Haus-

haltsführung verpflichtet!

Diese und diverse andere Änderungen traten nach und
nach ein und führten doch eher zu einer stillen Eman-
zipation. Was viele ebenfalls nicht wissen, ist die Tatsache, dass dem Ehemann bis vor zwanzig Jahren Sex
noch zustand und sogar ein „gesetzliches Recht auf
Geschlechtsverkehr" im Grundgesetz verankert war!
Wenn die Gattin die Einforderung dieses Rechts ver-
weigerte, dann hätte der Mann theoretisch seine eigene
Frau verklagen können, weil ihm dieses „Grundrecht"
verweigert wurde.
Zwangsweise hätte er seine Frau sogar vergewaltigen
können, und er hätte vor dem Richter sogar Recht bekommen, denn erst seit dem Jahre 1997 ist „Vergewal-
tigung in der Ehe" strafbar.

Bei vielen Deutschen gehört die Frau immer noch hinter den Herd, hat zu kochen, zu putzen, zu waschen und
die Kinder großzuziehen, während es die ungeschriebene Pflicht des Mannes ist, die Kohle ins Haus zu
bringen. Frei nach dem Steinzeitmotto „Du sammeln,
ich jagen!".
Trotz alledem wird die Hausarbeit nicht wirklich anerkannt. Jeder Kurzzeitstrohwitwer wird mitbekommen
haben, welche umfassende Arbeit die Hausarbeit ist.
Gleiches gilt auch für jeden männlichen Singlehaushalt. Die wenigsten Singlemänner leisten sich nämlich
eine angestellte Putzfrau, und verrichten diese „Hausarbeit" lieber selbst.
Allerdings zählt genannte „Hausarbeit" im volkswirt-
schaftlichen Sinne nicht zum „Produktionsfaktor Arbeit", weil Arbeit in der Volkswirtschaft wie folgt de-

finiert wird: „Arbeit ist jede körperliche oder geistige Tätigkeit, die zur Erzielung auf Entgelt gerichtet ist!". Da jedoch Haushaltsführung nicht entlohnt wird, wird der studierte Betriebs- oder Volkswirt diese Tätigkeit nicht als Arbeit anerkennen.

Selbst durch „Überfrauen" wie Hera Lind oder die „Emanzipationstrümmerlesbe" Alice Schwarzer wird sich das Bild der „mütterlichen Hausfrau" nicht allzu bald ändern.

2. Geburtenrückgang bei der Oberschicht. Kriegen nur noch dumme Menschen Kinder?

Es werden immer weniger Geburten. Der Geburtenrückgang ist deutlich erkennbar. Vor allen Dingen eine Forsa-Statistik zeigt Folgendes: Geburtenstatistiken aus den letzten 10 Jahren! Kein Witz! Starker Geburtenrückgang um fast 68,7 % bei Akademikern, Dozenten, Ärzten, Rechtsanwälten, Studienräten und Lehrern. 78,4 % der Abiturienten möchte erstmal studieren und arbeiten, bevor sie an die Familienplanung denken. Erstes Kind, wenn, dann mit durchschnittlich 34,1 Jahren!

Starke Geburtenzunahme um 64,3 % bei Hartz 4-Empfängern, Arbeitslosen, Ungelernten und Schul- oder Lehrstellenabbrechern.

17,3 % der Ungelernten und Schul- und/oder Lehrstellenabbrechern bekommen ihr erstes Kind vor dem 19. Lebensjahr. Die sind bekloppt wie ein Schnitzel, aber Poppen kriegen sie problemlos hin.

Was sagt uns das? Wer bekommt die Kinder? Genau die Falschen! Damit hat sich übrigens die Frage nach dem „Warum?" bei der jährlichen PISA Studie selbst beantwortet! Da wurden Kinder und Jugendliche befragt, die waren so doof, die haben schon den Kindergarten wiederholt.

Aber ich sage immer: Besondere Kinder gehören auf eine besondere Schule. Nämlich die Sonderschule.

Frag die mal, wann Jesus gestorben ist. Die sagen: „Weiss ich nicht. Wir haben keinen Fernseher und keine Zeitung. Ich wusste nicht mal, dass er krank war."

Ich habe mal einen 15-jährigen gefragt. „Meinst du auch, die größten Probleme der heutigen Jugend sind die Unwissenheit, die Gleichgültigkeit und die Unverschämtheit?" Da hat der zu mir gesagt: „Keine Ahnung. Ist mir auch egal. Du Arschgesicht".

Professoren und Deppen unterhalten sich halt anders. Der Depp sagt: „Mach mir ein Knutschfleck". Der Professor sagt: „Würdest du bitte meine Halsmuskeln oral stimulieren, bis kleinere Blutgefäße platzen und durch den Hämoglobinabbau ein buntes Mosaik entsteht?".

Und was sollen die Doofen später machen? Arbeit gibt es nicht mehr. Das Einzige was das Arbeitsamt..... heißt ja nicht mehr so. Das heißt jetzt Bundesasozialenverwaltungsagentur mit geistig beschränkter Haftung. Das einzige, was die suchen, sind Landschaftgärtner. Sollen die doch alle Landschaftsgärtner werden. Dann muss man nur noch einen abstellen, der immer sagt: „Das Grüne nach oben!!!"

Also weniger Schlaue, dafür noch mehr Doofe. Klingt lustig. Aber guckt euch doch mal unsere heutige Jugend an, und wer jetzt noch lacht, sollte Folgendes dabei bedenken: Die sollen unsere vorhin angesprochene Rente bezahlen. Ich glaube eher, wir bezahlen deren Knastaufenthalt.

Gut, viele sagen Jungs sind anders als Mädchen. Aber

die Mädchen sind kein Stück besser. Haben Sie mal die Hosen gesehen? Mal ehrlich, wie tief kann man eine Jeans ziehen, ohne dass sie runterrutscht? Oder diese enorm kurzen Röcke und darunter sichtbar ganz wenig Höschen. Sieht so aus, als ob der Hintern gerade den Schlüpfer aufisst.

Mal ehrlich, müssen die Mädels mit 14 Jahren schon rumlaufen wie die bulgarischen Wohnwagennutten? Was sind denn die Probleme der Teeniemädels von heute? 13 Jahre und schwanger. Und wer ist der Vater? Weiss ich nicht. Denkst du, ich frag jedesmal gleich nach dem Namen?

Eine gute Freundin von mir hat eine vierzehnjährige Tochter. Als diese ihre Tochter fragte, wie es mit der Verhütung aussieht, meinte diese: „Gut dass wir darüber sprechen, Mutti. Ich wollte mir die Pille verschreiben lassen. Das ist die letzten 3 Jahre gut gegangen, das sollte man nicht ausreizen."

Die haben Sex mit 12 Jahren. Da konnte ich mir noch gar nicht die Schuhe zubinden. Da habe ich gerade das erste Mal aufgehört zu rauchen.

Wie sollen diese Mädels auch wissen, wer der Vater ist? Halt doch mal den Arsch an eine Kreissäge und sage mir dann, welcher Zacken dich gerissen hat.

Ja, die Mädels sind mit 13 Jahren aber wenigstens geistig weiter als die Jungs. Mit 13 Jahren haben die Mädchen bereits drei illegale Abtreibungen in Holland hinter sich und die Jungs wissen gar nicht, wo Holland liegt.

Die Jungs heutzutage sind auch nicht gerade Vorbilder. Hose hängt bis in die Knie. Mütze falschrum auf. Ey, Alter, krass abgecheckt. Da denke ich immer: Guck mal, die Eltern haben die Nachgeburt mit großgezogen.

Wenn ich eine Tochter mit 12 Jahren hätte und so ein

Typ kommt an und fragt mich, ob sie bei ihm schlafen darf, ich schwöre Ihnen, Sie würden in der BILD von mir lesen.

Aber die Kinder heutzutage haben es schon nicht leicht. Wie gesagt: Hohe Arbeitslosigkeit, Terroranschläge und globale Probleme, wie beispielsweise die Erderwärmung. Das Klima ist kaputt. Die Pole schmelzen. Wir haben jedes Jahr die wärmsten Winter aller Zeiten. Viele Schüler kennen den Schnee nur noch von der Toilette.

Das Schlimmste sind jedoch die Namen, welche die heutigen Kinder bekommen: Cheyenne, Britney, Chantal, Sandy-Marleen, Ike-Marlon usw. Mein 3-jähriger Cousin heißt übrigens Finn. F-I-N-N. Aber ohne Huckleberry vorweg.

Ansonsten ist er aber genauso normal wie die Dreijährigen heute sind. Also 3 Jahre und 70 Kilo.

Vor allen Dingen: Die Prominenz macht uns vor, ihre Kinder nach dem Ort zu benennen, wo sie gezeugt wurden. Damals David Beckham, der nannte seinen Sohn Brooklyn. Oder Verona Pooth nannte ihren Sohn San Diego. Die Prominenz macht es vor und alle machen es nach, die Kinder nach dem Ort zu benennen an dem sie gezeugt wurden. Ich warte nur noch darauf, dass ich mal durch IKEA gehe und durch die Lautsprecheransage höre: „Meine Damen und Herren, der kleine ‚Disco-Toilette' möchte aus dem Ballparadies abgeholt werden".

Obwohl, so neu ist diese Idee gar nicht. Meine Eltern haben auf einer Urlaubsreise in Bayern auch ihr erstes Kind nach dem Erzeugungsort benannt. Mir soll's egal sein. Mein ältester Bruder heißt ‚Hinterm Bierzelt'!

Ich glaube, man kann am Vornamen eines Kindes erkennen, wie sehr es gewollt ist. Ein Kumpel von mir

heißt Heinrich August Gustav, der musste seine Eltern mit ,Sie' anreden.

Kapitel 9:
Ausländer raus?
Die Integrationslüge

In Deutschland leben Millionen von Ausländern, überwiegend sind dies Menschen türkischer, russischer oder polnischer Herkunft. Frau Merkel sprach in ihrer Neujahrsansprache 2008/2009 von den vielen Menschen, die in Deutschland eine „neue Heimat" gefunden haben. Deutschland gilt als Integrationsland. Das einzige Problem bei der „Integration" ist die Tatsache, dass eine Eingliederung ein beidseitiger „Vertrag" ist; bestehend aus der Nation, welche Ausländer eingliedern möchte, und dem Ausländer, welcher integriert werden will. Natürlich ist es die Voraussetzung, dass Hassan und Abdul wirklich integriert werden möchten. Hierbei geht es nicht anders, als dass jener Ausländer die Werte, Sitten und Bräuche des neuen Heimatlandes akzeptiert.

Aufgrund der Tatsache, dass wir zwei Weltkriege verschuldet und verloren haben, hat der Deutsche zu allem „Ja und Amen" zu sagen und darf um Gottes Willen sich niemals negativ über Ausländer äußern. Denn dann wäre er ja ein Rassist, und Volksverhetzung ist in Deutschland eine Straftat. Jeder Ausländer und Asylant genießt in Deutschland ungeschriebenen „Welpenschutz". Er steht unter dem Schutz des Staates und der Behörden. Man darf nicht mal eine negative Wahrheit über Ausländer aussprechen.

Wenn man folgende Wahrheit, welche auf Fakten beruht, von sich gibt, ist man natürlich „ausländerfeindlich". Die Wahrheit ist: Über 75 Prozent aller Drogendelikte (Drogenhandel, Drogenbesitz) und Verstöße gegen das Waffengesetz, werden von Ausländern begangen. Die Gewaltbereitschaft ist statistisch gesehen bei Türken, Russen und Albanern deutlich höher als bei anderen Europäern, und die „Welt Online" schrieb unter dem Titel „Der Intelligenzquotient der Türken", dass in Migrationsmilieus der Durchschnitts-IQ deutlich niedriger ist als bei Deutschen.

Mit anderen Worten: Man kann statistisch belegen, dass der in Deutschland lebende Türke dümmer ist als sein deutscher Kumpel.

Man kann mit Fug und Recht behaupten, dass sich Ausländer und Fremde besser integrieren lassen, wenn sie unter Landleuten -in diesem Fall Deutsche- leben und nicht in Ghettos abgeschoben werden. Wenn Ali in Flensburg unter Deutschen lebt, und Ivan in Konstanz ebenso, dann werden sie sich schneller und leichter „anpassen" und damit eingliedern können. Denn wo Menschen keine Fremden mehr sind, verringert es Fremdenangst und Rassismus. Der ausländische Nachbar gilt als akzeptiert.

Ganz egal ob er schwarz, rot oder gelb ist. Ganz egal ob er Türke ist oder Italiener oder Kroate.

Die Ghettobildung gilt als „Tod der Integration". Hierbei werden bewusst ganze Stadtteile mit Ausländern einer bestimmten Nation „vollgepackt". Sollen die doch untereinander leben und sich gegenseitig die Köpfe einschlagen. Diese Ghettobildung wird in den USA gerne gemacht. Seien es die Schwarzen in Harlem oder die Asiaten in „China Town".

Natürlich kann in solchen Ghettos keine Integration

stattfinden. Wie sollen die Fremden denn unsere Sprache lernen, wenn sie nur mit „ihresgleichen" zusammen sind? Wenn ich beispielsweise nach Spanien auswandern würde, und die Spanier „bauen" für die deutschen Auswanderer eine Art „Klein-Berlin", wie soll man sich integrieren? Man würde in diesem Fall nur Deutsche sehen, einen deutschen Lebenswandel führen und natürlich auch deutsch sprechen.

Mit kreuzbergähnlicher Ghettobildung ist es natürlich -in diesem Fall türkischen Landsleuten- nur erschwert möglich, unsere Sprache zu erlernen. Das Erlernen der jeweiligen Landessprache ist jedoch unerlässlich für eine erfolgreiche Integration. Man kann Deutschland nicht als „fremdenfeindlich" bezeichnen. Es werden genügend Sprachkurse für Migranten angeboten. Voraussetzung hierfür ist natürlich die Bereitschaft, die jeweilige Sprache zu erlernen. Als ich noch im Arbeitsamt im Arbeitserlaubnisverfahren tätig war, gehörte es damals zur Tagesordnung, dass insbesondere Türken mit einem Dolmetscher ins Amt kamen, weil sie weder deutsch verstanden noch sprachen. Traurig ist jedoch die Tatsache, dass es teilweise türkische Landsleute waren, die zwanzig, fünfzig oder noch längere Jahre bereits in Deutschland lebten.

Deutschland ist fremdenfreundlich! Ob es nun zwangsweise ist oder freiwillig. In Deutschland kann man schnell eine neue Heimat finden. Man muss nämlich kein Geld hinterlegen. Wer beispielsweise in den USA, Australien oder Kanada leben will, muss neben dem Vorlegen eines Arbeitsplatzes auch eine bestimmte Anzahl an tausenden Dollar mitbringen, um überhaupt dort zu leben. Gerade in den USA gibt es vereinzelte Staaten, in denen der Ausländer sogar ein Rückflugticket bei den örtlichen Behörden hinterlegen muss, damit im Zweifelsfall eine Abschiebung problemlos erfolgen kann.

Doch es gibt auch Länder, in denen man nur erschwert integriert werden kann. In der Schweiz bekommt man beispielsweise keine Arbeitsgenehmigung, wenn es ausreichend eigene Landsleute gibt, die einen solchen Job übernehmen können. Mit anderen Worten: Solange es bei den Eidgenossen genug Maurer gibt, wird ein Mann dieser Innung in der Schweiz keine Arbeitserlaubnis erhalten.

Leider ist in Deutschland eine latente Ausländerhetze vorhanden. Nehmen wir mal das Beispiel der Rütli-Schule in Berlin. Sämtliche Medien berichteten hierüber und stellten dem verblödeten Fernsehkonsumenten dar, dass es sich in diesem Bildungsschuppen um pure Gewalt, mangelnde Integrationsbereitschaft und übertriebene Aggressivität handelt. Grund hierfür sind scheinbar zahllose türkische Kinder, welche diese Schule besuchen. Insgesamt wurde diese Penne aber dermaßen schlecht dargestellt, dass man wirklich glauben könnte, dass dort nur der niedrigste Bodensatz und der größte menschliche Abschaum „beheimatet" wäre. Ein Deutscher darf keinen Ausländer, schon gar keinen Türken, beleidigen, sondern hat ihm brav Moscheen auf Kosten der Steuerzahler zu erbauen. Deutschland darf niemanden diskriminieren, sondern hat die ungeschriebene Pflicht, auch arbeitsscheuen Fremden willenlos die Sozialleistungen, mit Zucker und Honig versüßt, in den Allerwertesten zu stecken.

Es gab in Deutschland sogar Gemeinden, in denen sich türkische Landsleute im Dezember fünfzig Euro pro Familie für Weihnachten abholen durften. Andere Städte und Landkreise gaben sogar Gutscheine für

Weihnachtsbäume aus. Das einzige Unüberlegte hierbei: Türken sind Moslems und feiern sowieso kein Weihnachten.

Kapitel 10:
Die Kirche als Verblödungsfaktor?
Wieso wir an Dinge glauben, die
wir nie gesehen haben...!

Die meisten Menschen gehören in Deutschland einer Religionsgemeinschaft an. Insbesondere ist dies die evangelisch-lutherische oder die römisch-katholische Kirche. Die Kirchenoberhäupter haben nur ein Problem. Sie müssen Dinge glaubhaft verkaufen, die sie niemals selber gesehen haben. Grundlage hierfür ist das Alte sowie auch das Neue Testament. Auge um Auge, Zahn um Zahn.

Ich persönlich möchte schon mal wissen, welcher Einfaltspinsel das ‚Alte Testament' geschrieben hat. Seltsame Geschichten passieren hier: Eine Frau erstarrt zu einer Salzsäule, eine Eselin beginnt „Mr. Ed- ähnlich" zu sprechen und eine Jungfrau wird plötzlich schwanger. Natürlich ist das „Alte Testament" gespickt von Gewalt, Selbstjustiz und Inzest.
Wie dumm ist die Geschichte mit Noah auf der Arche? Das wäre ja auch heute gar nicht mehr möglich, von heute auf morgen so einen Kahn in den Wald zu zimmern. Da würden die Nachbarn nachts um 22:00 Uhr aber schnell die Polizei wegen Lärmbelästigung rufen. Gott sprach damals -salopp ausgedrückt- zu Noah: „Nimm von jedem Tier ein Pärchen und der Rest ersäuft". Offen bleibt jedoch die Frage, was mit den Vögeln und Fischen passiert ist und warum hat Noah eigentlich die beiden Stechmücken nicht erschlagen?

Das Symbol für das Christentum ist das Kreuz. Ist das so, weil Jesus am Kreuz gestorben ist? Was wäre denn wenn Jesus gar nicht am Kreuz gestorben wäre, sondern sie ihn aufgehängt hätten? Wäre dann auf jedem Kirchturm ein Galgen? Oder wenn Jesus erschossen worden wäre, wäre dann auf jeder Bibel eine 9 Millimeter?

Es gibt tatsächlich Menschen, die gehen einmal im Jahr in die Kirche und denken, sie seien Christen. Ich gehe jeden Tag dreimal in die Garage und denke trotzdem nicht, dass ich ein Auto bin.

Obwohl, warum wollen eigentlich alle in den Himmel? Ich glaube, in der Hölle ist es viel schöner. Die Kirche sagt ja einerseits. Kein Alkohol, kein Nikotin und Sex nur zur Kinderproduktion. Andererseits heißt es aber ‚Selig sind die geistig Armen, denn sie werden Kinder Gottes genannt'. Das heißt also, die Bibel will, dass ich mein Leben lang auf Rauchen, Saufen und Sex verzichten soll, um dann die Ewigkeit mit Schwachköpfen zu verbringen.

Mit der heutigen Bürokratie wäre viel aus dem Alten Testament gar nicht umsetzbar. Der Turm zu Babel ist hierfür ein gutes Beispiel! Ein Turm, der bis in den Himmel reicht. Da arbeiteten laut Bibel hunderte Menschen jahrzehntelang. Gut, das kennen heute viele noch von einer stinknormalen Baugenehmigung. Aber wie bekommt man eine Baugenehmigung für einen knapp zweitausend Meter hohen Turm ohne Notausgang, Fenster und Feuerlöscher?

Aber gerade in der heutigen Zeit möchte ich schon gerne wissen, wer überhaupt noch an die Schöpfungsgeschichte glaubt. Eigentlich stammen wir alle von Adam und Eva ab. Jeder Adam wurde vom Herrgott nach seinem Ebenbild erschaffen. Dann hieß es: „Seid fruchtbar und mehret Euch!" Die arme Eva muss ja geworfen haben wie zwanzig Kaninchen. Aber es heißt, dass wir eigentlich alle miteinander verwandt sind. Die Kinder von den beiden müssten sich ja untereinander vermehrt haben, weil nirgendwo geschrieben steht, dass Gott noch ein weiteres Paar zur Blutauffrischung erschaffen hat.

Mit anderen Worten: Die ganze Schöpfungsgeschichte basiert auf Inzucht. Das ist fast wie in der Eifel.

Aber was für Leute waren Adam und Eva? Gott gab den beiden das Paradies, und weil die nur gevögelt haben, die bedrohten Reptilien beleidigten und den Garten Eden leergefressen haben, hat Gott die beiden logischerweise weggejagt.

Dann liefen sie durch die Welt, ohne Wohnung, ohne Arbeit, und sie war noch schwanger. Die beiden bekamen zuerst zwei Söhne. Der eine schlug den anderen tot und trieb sich dann sein Leben lang ohne Arbeit und obdachlos durch die Gegend.

Wovon stammen wir also alle ab? Von unzüchtigen und kriminellen Asozialen.

Außerdem war Jungfrau Maria die erste Fremdgängerin in der Menschheitsgeschichte. Während Josef in der Schreinerei seiner Arbeit nachging, ließ sich seine Alte vom ,Heiligen Geist' knallen.

Aber ansonsten waren die Männer damals schon genauso wie die Männer heute. Forscher fanden heraus, warum Moses mit dem Volk Israel 40 Jahre durch die Wüste irrte. Männer waren schon damals zu stolz, um nach dem Weg zu fragen.

Aber nochmal zum ,Alten Testament': Wie die Menschen dort miteinander umgingen. Beispiel: 1. Buch Mose Kapitel 22. Gott stellt Abraham auf eine Probe.

„Geh mit deinem einzigen Sohn Isaak, den du liebst, in das Land Morija. Auf ihm sollst du deinen Sohn Isaak töten und als Opfer für mich verbrennen". Ja, denkt Abraham, wenn's weiter nix ist, packt sich den Döner- schneider und schleppt den Lütten auf den Watzmann. Gerade als er seinen Sohn töten wollte, rief ein Engel des Herrn vom Himmel. „Leg das Messer beiseite und tu dem Jungen nichts. Ich wollte ja nur deinen guten Willen sehen." Stattdessen opferte er dann ein Lamm. An dieser Stelle wurde übrigens der ‚Döner Kebap' er- funden.

Was mich an der Bibel stört, dass man von der Vater- Sohn-Beziehung nicht mehr berichtet. Das bleibt einem Kleinkind ja auch nicht in den Schuhen stecken. Wie ging es mit dem weiter? Wurde er kriminell, schwul oder geriet er an eine Sekte?

Religion wurde seit jeher gerne als „Opium fürs Volk" verwendet. Da über 70 Prozent aller Deutschen einer christlichen Kirche angehören, kann man den Glauben oft als systematische Massenverblödung ansehen.

Die Religion wird gerne dazu verwendet, aus dem Menschen ein willenloses, folgsames und demütiges Individuum zu machen. Man hat nur auf Erden die Auf- gabe, „Gottes Knecht" zu sein und ansonsten brav die Schnauze zu halten. Und natürlich ist alles, was Spaß macht, eine große Sünde. Wie heißt es im Lied „Gott ist gegenwärtig, lasset uns anbeten" in einer Strophe? „Wir entsagen willig allen Eitelkeiten, aller Erdenlust und Freuden!". Die katholische Kirche ist scheinbar der freudloseste Haufen, den es gibt. „Kein Sex vor der Ehe" kann man durchaus als altmodisches Credo aus dem Mittelalter bezeichnen. Scheinbar glaubt die ge- nannte katholische Kirche an jenen „Unsinn", den sie zu predigen versuchet. Der Vatikan beschäftigt sogar hauptberufliche Teufelsaustreiber - besser bekannt als „Exorzisten" wie Don Gabriele Nanni, der mehrfach im Fernsehen behauptete, den Teufel selbst gesehen zu haben und persönlich zu kennen!

Merkwürdige Dinge wie Blut weinende Madonnenstatuen oder mit den Wunden Jesu stigmatisierte Menschen werden von der katholischen Kirche als „Wunder" deklassiert. Laut Bertelsmann-Stiftung zählt übrigens jeder fünfte Deutsche zu der Gruppe „hochreligiöse Menschen"; wie gesagt wahrscheinlich nur deswegen, weil sie an Heiligabend in die Kirche gehen.

Hochreligiöse Fußballer bekreuzen sich brav beim Einmarschieren ins Stadion, und in Bayern gibt es sogar ein Nonnenkloster, in welchem für die sportlichen Erfolge des FC Bayern München gebetet wird. Aber ist Religion wirklich ein „gepredigter Frieden"? Sind nicht die meisten aller Kriege in Wirklichkeit Glaubenskriege? Aktuell jene Glaubenskriege des Islam gegen die „westliche Welt". Krieg den Ungläubigen, so heißt es doch schon seit Menschengedenken.

In der Bibel heißt es im Neuen Testament wie folgt: „Es ist leichter, dass ein Kamel durch ein Nadelöhr geht, als dass ein Reicher ins Reich Gottes kommt". Mit anderen Worten: Schweigt still, ihr armen Hungerleider. Ihr habt zwar auf der Erde nichts zu fressen, aber wenn ihr erst einmal oben im Paradies seid, dann geht die Party richtig los! Außerdem gibt es auf diesem Wege auch keinen Neid gegenüber den Reichen. Höchstens bekommen diese Millionäre und Multimillionäre noch Mitleid von den armen Schluckern. Selbiger armer Schlucker denkt sich unter diesem Bibelzitat: „Mensch, mir geht es zwar auf Erden schlecht, aber dafür komme ich in den Himmel. Dem reichen Bonzen geht es auf Erden richtig gut, aber dafür schmort er die Ewigkeit in der Hölle. Und die Ewigkeit ist halt länger als jedes Menschenleben. Also lieber 80 Jahre hungern, als unendlich zu brennen!"

„Der Glaube versetzt Berge", so heißt es doch. Gemeingefährlich wird es, wenn der sogenannte Aberglaube zum Tragen kommt. Die allermeisten Menschen sind hochgradig abergläubig. Eine schwarze Katze von links nach rechts bringt schlechts, die 13 ist eine Unglückszahl und unter einer Leiter darf man nicht durchgehen. Hingegen bringen Schornsteinfeger, Sternschnuppen und vierblätterige Kleeblätter Glück.

Wie weit der krankhafte Aberglaube geht, erkennt man daran, dass es bei vielen Fluglinien in den Flugzeugen keinen Sitzplatz 13 gibt und das Hotelzimmer mit der Zimmernummer 13 meist nur die Putzkammer mit Besen und Eimer für das Reinigungspersonal ist. Derzeit sind mehr Menschen diesem Hokuspokus verfallen, als noch vor zwanzig oder dreißig Jahren.

56 Prozent aller Menschen glauben an Wunder und 74 Prozent aller Deutschen bezeichnen sich selbst als abergläubig. Nur beim „Freitag dem Dreizehnten" ist man sich nicht sicher, ob selbiger nun ein Glückstag ist oder nicht.

Aber Kirche und Bibel ist weitestgehend in Ordnung. Was mich nur so ankotzt, sind diese Scheiß Sekten. In jeder Fußgängerzone steht da irgend so ein Laienprediger.

Hassen Sie Sekten auch so wie ich? Nee, Sie nicht! Wenn morgens um 6 Uhr die Wachturmfraktion bei Ihnen klingelt, dann sagen Sie: „Ach, Sie sind Zeuge Jehova? Kommen Sie doch rein!"

Ich kläre das anders. Ich drehe mich um zu meinem Schäferhund. Harras, putz sie weg. Was glaubt ihr wie schnell die sind?

Mal muss halt nur den richtigen Hund haben. Das ist lebenswichtig. Mal ehrlich: Hätte Mooshammer einen Rottweiler, der hätte noch gelebt.

Ich bin vor wenigen Wochen in Trier durch die Fußgängerzone gegangen, und da standen vor einem amerikanischen Kaufhaus zwei Männer: Beide mit Hut, schäbigem Anzug und dem Wachturm. Also waren beide Geschäftsführer anwesend. Zeuge UND Jehova.

Direkt vor den beiden eine Frau im Blümchenkleid, Hornbrille, Birkenstocks und fettigem Haar. Die hatte so einen Schielblick. Die konnte gleichzeitig mit beiden Augen durch ein Schlüsselloch gucken. Dazu zwei Zähne, also könnte die in der Druckerei als Locher arbeiten. Also wenn ich dies Gesicht hätte, dann würde ich lachend in eine Kreissäge laufen.

Welchen Job könnte man so einer Frau überhaupt geben? Höchstens bei der Obsternte als Vogelscheuche. Die Vögel hätten sich so erschrocken, die hätten die Kirschen vom Vorjahr wiedergebracht.

Diese Frau trug ein schwarzes bodenlanges Kleid und tanzte zu esoterischer Musik. Als sie mich sah, warf sie sich in meine Arme, schaute mich mit ihren großen Augen an und flüsterte im sexy herzerwärmenden Ton: „DER HERRGOTT KOMMT. DER HERRGOTT KOMMT." Da dachte ich, da reicht kein Arzt mehr. Da musst du einen Exorzisten bestellen. DER HERR-

GOTT KOMMT! Da hab ich gesagt: „DER HERR-

GOTT kommt? Und dann stehst du hier rum?"

Kapitel 11:
Von der Wirtschaft für blöd verkauft!

Der Deutsche lässt sich seit jeher von der Wirtschaft gerne verarschen. Dies begann gleich nach dem verlorenen zweiten Weltkrieg, als die Geschäfte und Schaufenster leer blieben. „Keine Ware vorhanden", so titelte es in den besagten Schaufenstern. Trotz der fehlenden Ware mussten die Geschäfte geöffnet bleiben. Das war Vorschrift. Doch gab es tatsächlich keine Ware? Oder wollten die Läden ihre Ware nicht verkaufen? Warum hätten sie Ware verkaufen sollen? Die Reichsmark hatte damals gar keinen richtigen Wert. Es herrschte zu dem damaligen Zeitpunkt die „Zigarettenwährung". Tabakware, Kaffee und andere Naturalien wurden entweder getauscht oder zu astronomischen Reichsmarkpreisen verkauft. In Hamburg soll zwischenzeitlich ein Hühnerei über acht Reichsmark gekostet haben.
Nach der Währungsumstellung in die D-Mark, änderte sich auch das Angebotsverhalten der Wirtschaft. Die sonst leeren Schaufenster waren gefüllt. Von „heute auf morgen" war Ware im Überfluss vorhanden. Alle wollten die neue D-Mark. Die damalige Bevölkerung hätte den Eindruck gewinnen können, dass die Ware irgendwo lagerte und nur noch bei Einführung einer neuen Währung aus dem Keller geholt werden müsste.

Wir leben in Deutschland in der sogenannten „Sozialen Marktwirtschaft". Doch ist die „Soziale Marktwirtschaft" auch gerecht? Laut einer Bertelsmann-Studie finden knapp Dreiviertel aller Bürger die Verteilung von Vermögen und Einkommen ungerecht. Nur knapp

13 Prozent halten diese für gerecht. Man kann ernsthaft davon ausgehen, dass es sich bei den 13 Prozent eher um die oberen Zehntausend handelt, denen die „Armut" der anderen am Allerwertesten vorbeigeht, solange man selber genug Hummer, Sekt und Kaviar hat.

Die Wirtschaft führt uns Deutsche gerne an der Nase herum. Wie oft hat man von Geschäften gelesen und gehört, die bewusst das Wort „Sonderangebot" auf Ware schrieben, die in Wirklichkeit gar nicht preisreduziert war? Vermutliche Sonderpreise laden eher zum Kauf ein. Der Sonderpreis lockt an, und der scheinbar Geprellte nimmt sich sowieso nicht die Zeit anhand des „Schnäppchens" Preise zu vergleichen.

Ein Wirtschaftszweig, der uns scheinbar perfekt blenden kann, ist die Glücksspiel- und Lotteriebranche. Jede Woche geben Millionen von Deutschen ihr Geld für Lotterielose aus. Sei es Toto Lotto, die Glücksspirale oder sonstiges. Es wird mit Millionengewinnen geworben, und der verblödete Deutsche greift zu, in der Hoffnung, der nächste „Lotto-Lothar" zu werden. Lotto ist genauso wie das Roulettespiel, Kartenspiel oder der Münzautomat in der Dorfkneipe ein reines „Glücksspiel". Man muss nichts beherrschen, nur Fortuna muss einem gewogen sein. Anders ist es bei den Sportwetten. Diese sind -obwohl anders behauptet- kein Glücksspiel. Selbst das Wetten auf Pferde auf einer Rennbahn ist kein Glücksspiel. Sportwetten setzen eine gewisse Grundkenntnis in der jeweiligen Sportart voraus. Wenn Klaus-Peter in seinem hiesigen Dorfkiosk seinen Ottset-Fußballtipp abgibt, dann kann man davon ausgehen, dass er sich einigermaßen mit dem Ballsport auskennt, und nicht einfach blind ins Blaue tippt.

Ein wesentlicher Wirtschaftszweig in Deutschland sind

die Kleinunternehmen. Der Tischlermeister Schulz in der Dorfstraße mit seinen drei Gesellen, oder der Malerbetrieb Schmidt gleich um die Ecke mit vier Gesellen und einem Lehrling. Der Angestellte kennt „seinen" Chef schon seit Jahren, eventuell schon seit Jahrzehnten und war gegebenenfalls sogar noch bei dessen Vater als Geselle im Betrieb. Oftmals hat der Arbeitnehmer ein lockeres Verhältnis zu seinem Brötchengeber. Dieser kennt auch dessen Frau, vielleicht sogar dessen Kinder. Dies ist der Vorteil gegenüber diversen Großkonzernen, wo man seine eigentlichen Arbeitgeber nur als Namen aus seinem Arbeitsvertrag kennt.

Dem Konzern -so scheint es- sind die Mitarbeiter meistens völlig egal. Sie können angeheuert und entlassen werden. Dem Kleinunternehmer im Dorf geht es da anders. Ihm geht es um seinen Ruf und um sein Ansehen. Auch heute noch gewähren diese oftmals einen Gehaltszuschlag für Jungeltern oder haben Verständnis für die Probleme des Arbeitnehmers. Mir ist sogar ein Chef bekannt, der seinem Gesellen den Arbeitsplatz freihielt, bis dieser aus dem Alkohol- und Drogenentzug zurückkam. Auch kenne ich einen Kleinunternehmer, der einem Gesellen die Chance gab bei einem größeren Unternehmen zu arbeiten, bei Nichtgefallen durfte jener sogar zu seinem alten Arbeitgeber zurück.

Der Kleinunternehmer im Dorf hat meist seine Hauptkundschaft in seinem Wohnsitz. Der Maler Schmidt wird von den Dorfbewohnern „engagiert", weil er „einer von denen" ist. Deswegen ist es für sein Wohl und Wehe wichtig, auf seinen Ruf zu achten.

Wenn er von seinen vier Arbeitnehmern zwei entlässt, und sich dann erst einmal die neue Mercedes S-Klasse kauft, dann wird sein „Dorfdenkmal" ziemlich stark bröckeln, und es wäre in solchem Fall dem Kleinunternehmer angeraten die Stadt zu wechseln.

Der genannte Kleinbetrieb weiß seinen „Krauter" oftmals richtig zu schätzen, und dieser gilt nicht wie im Falle von Großkonzernen als „Nummer" oder „Humankapital".

„Geld regiert die Welt", dies ist ein bekannter Slogan, und der „schnöde Mammon" prostituiert die Menschen dazu, irgendwelche Dinge zu erledigen. Trotz alledem sollte Geld allein kein Motor einer Handlung sein, man läuft Gefahr, sich zum Kasper des Zasters zu machen. Die „freie und/oder soziale Marktwirtschaft" ist keinesfalls mehr frei, wenn der Staat in diese Marktform eingreift, sei es durch Mindestlohn oder Maximalarbeitszeit. Auch des Verbot der „Kinderarbeit" ist schwierig anzuerkennen, zumal man genau definieren muss, wo Kinderarbeit losgeht und wo sie endet. Mit dieser in Deutschland definierten „Kinderarbeit" ist sicherlich nicht Teppichknüpfen wie in Indien gemeint, sondern allerhöchstens das Verteilen von Zeitschriften oder Werbeprospekten gegen ein kleines Taschengeld. Viele Wirtschaftsexperten glauben nicht, dass dies zur Ausnutzung der Kinder dient. Vielmehr werden diese Kinder das selbst verdiente Geld besser einschätzen können, wenn sie es gelernt haben für das „Zusatztaschengeld" zu arbeiten, um sich eines Tages ein neues Fahrrad oder einen Walkman kaufen zu können.

Generell ist jedoch unter erwachsenen Menschen die Raffgier angeboren. Wenn man alles hat, dann will man halt noch mehr, genau wie in Grimms Märchens „Fischer und seiner Frau". Wenn ich schon König bin, dann will ich auch Gott werden. Der Mensch strebt nach Luxus, jedoch nicht, weil Luxus notwendig ist. Man will beneidet werden, weil Neid die höchste Form der Anerkennung ist. Doch wie „gesund" ist eigentlich Luxus?

„Luxus bedeutet, sich vom Geld, das man nicht hat, Dinge zu kaufen, die man nicht braucht, um dem zu imponieren, den man nicht mag!"

Luxus bedeutet beispielsweise ein teures Auto, einen Sportwagen oder ähnliches. Vielleicht auch eine Rolexuhr für 20.000 Euro. Aber kann man seinen Zielort nicht auch mit einem Kleinwagen erreichen, oder kann man die Zeit besser ablesen, weil die Armbanduhr teurer ist als ein Mittelklassewagen?
Luxus und Raffgier sind dennoch oft zwei Paar Schuhe. Die Raffgier ist bei dem Menschen meist noch höher angesiedelt.
„Brot für die Welt, solange für mich Filetsteaks überbleiben!"
Der Mensch ist eher vom „Staate Nimm". Dabei heißt es doch schon in der Bibel, dass „Geben seliger ist denn nehmen!". Aber wie viele Menschen geben wirklich einem Bettler ein Almosen? Wie viele Menschen belohnen wirklich den Drehorgelspieler in der Fußgängerzone mit einer kleinen Gabe?

Die Wirtschaft haut uns Luxusgegenstände um die Ohren. Prada, Gucci, Dolce & Gabbana, Calvin Klein etc. Doch sind diese Luxusgüter wirklich notwendig? Es handelt sich -wie bereits angesprochen- doch nur um Prestige. Müssen es wirklich die teuren Adidas oder Fila-Turnschuhe sein, oder erfüllen nicht auch ihre günstigen Mitbewerber ihren Zweck? Jährlich werden Unsummen von Euros für sogenannte Markenklamotten ausgegeben. Mittlerweile ist dieser Trend sogar schon in den Klassenzimmern eingezogen, wo Mitschüler gehänselt werden, weil sie sich aufgrund ihrer

Hartz-4 empfangenden Eltern keine Pumaturnschuhe oder Levisjeans leisten können.

Das kostbare Gut „Markenartikel" ist auch nur eine Unterstreichung der menschlichen Habsucht. Mehr Dinge und bessere Dinge -vor allen Dingen teurere Dinge- als der ungeliebte Nachbar zu besitzen. Die Werbung tut das ihre. Es ist halt nur derjenige „in", der sich das neue „Calvin-Klein Parfum" oder „Boss-Rasierwasser" leistet oder leisten kann.

Offen bleibt die Frage, ob diese Markenware wirklich hochwertiger ist als günstige Alternativen. Sicherlich hält die Batterie einer Quarzuhr länger als jede, die man als Massenware bei Fast-Food Ketten kaufen kann. Schon unsere Großeltern vertraten oft das Credo:

„Teuer gekauft, ist billig gekauft!"

Kapitel 12:
Die Freiheitslüge!

Im Grundgesetz sind diverse Freiheiten verankert: „Recht auf freie Meinungsäußerung", „Recht auf freie Arbeitsplatzwahl", „Recht auf freie Religionsausübung" etc.

Doch wie weit ist es mit dem Recht der freien Meinungsäußerung? Darf man wirklich seine Meinung, egal wie radikal diese eingestellt ist, öffentlich kundtun? Nein, denn das Damoklesschwert jeder Tatsache, andere in seinen Grundrechten zu beschneiden, baumelt über jedem Einzelnen. Wenn sich ein Jugendlicher auf die Straße stellt und lautstark „Ausländer raus" brüllt, dann hat er sein Recht auf freie Meinungsäußerung genutzt. Das „Problem" hierbei: Er verstößt gegen ein Gesetz, denn er verhält sich fremdenfeindlich.

Auch in Zeiten der hohen Arbeitslosigkeit und nicht ausreichend vorhandener (Lehr-) Stellen, kann man sein „Recht auf freie Arbeitsplatzwahl" kaum nutzen. Denn jeder Arbeitslosengeldantrag bei der Arbeitsagentur fordert, dass man „alle Möglichkeiten nutzen will, um seine Beschäftigungslosigkeit zu beenden!".

Kann man den gelernten Verwaltungsfachangestellten wirklich dazu verdonnern, in Zukunft bei der Firma Mc.Clean auf dem Hannoverschen Hauptbahnhof Toiletten zu säubern? Wenn ihm dieses Stellenangebot von der Arbeitsagentur angeboten wird und er jenes ablehnt, darf ihm dann seine Sozialleistung -egal ob Versorgungs- oder Versicherungsleistung- gekürzt oder gestrichen werden? Möglicherweise lehnt er diese Vollzeitstelle als Kloputzer ab! Gegenfrage: Ist es einem

Verwaltungsfachangestellten überhaupt zuzumuten - auch bei längerer Arbeitslosigkeit und möglicherweise vorhandenen Vermittlungshemmnissen- die Exkremente anderer Menschen zu beseitigen? Immerhin ist Reinigungspersonal ein anerkannter Beruf. Doch wie tief darf man einen Menschen unter Wert verkaufen, und wie weit darf man ihn in seinem „Grundrecht auf freie Arbeitsplatzwahl" beschneiden?

Im Januar 2005 kam ein Sachverhalt durch eine englische Zeitung ans Tageslicht. Einer 25-jährigen arbeitslosen IT-Programmiererin wurde von einer Berliner Arbeitsagentur im Zusammenhang mit Hartz 4 ein „zumutbarer Job" als Prostituierte angeboten. Im Falle der Ablehnung dieser Stelle wollte die Agentur der jungen Frau das Arbeitslosengeld 2 streichen. Nachdem diese Tatsache ans Tageslicht kam, wurde der genannte Sachverhalt von den zuständigen Mitarbeitern dementiert. Aber was wäre denn, wenn die junge Dame das Stellenangebot angenommen hätte? Dann würden sogar die Arbeitsagenturen und Behörden als Zuhälter arbeiten. Freie Arbeitsplatzwahl gibt es halt doch nicht. Man könnte den Eindruck haben, dass es wie folgt heißt: „Haltet doch in den Bordellen euren Arsch hin, oder wischt die Kotze von Besoffenen auf dem Bahnhofsklo weg. Hauptsache, ihr taucht nicht mehr in den Statistiken der Arbeitsagentur auf!"

In Deutschland leben wir dem Anschein nach nicht in einer Demokratie, sondern in einer Diktatur. Die „Freiheit des Andersdenkenden" gibt es nicht. Es sei denn man deklariert den Christopher-Street-Day mit seinen komisch bekleideten Tunten als Art Minderheitenintegration. Selbst die Pressefreiheit ist scheinbar nur das ungeschriebene Recht, dass irgendwelche Politiker, Wirtschaftsbosse und andere Bonzen ihre Meinung kundtun dürfen. Auch die „freie Religionsausübung" ist nicht gewährleistet. Was wäre denn, wenn ein Schlosser seinem Meister die neue Tatsache unterbreitet, dass er jetzt nur noch fünf Stunden täglich arbeiten kann, weil er in der

restlichen Arbeitszeit beten muss?

Kapitel 13:
Bin ich normal oder unnormal?
Vom schwarz-weiß-Formieren
der Gesellschaft!

Doch nicht nur Politik, Wirtschaft und Medien zwängen uns ein, und wollen uns für dumm verkaufen. Auch unsere Gesellschaft möchte uns gern in „schwarz" oder „weiß" einteilen. Wie oft hört man über andere Menschen das Urteil: „Der ist ein Spinner!" oder „Der ist doch nicht normal!". Offen bleibt hierbei die Frage: Was ist überhaupt normal und wer ist normal? Wer entscheidet überhaupt, was oder wer „normal" ist? Das ist nur ein Gesellschaftsurteil.

Ich bin alleinstehend, Single und ohne Kinder. Bin ich jetzt weniger „normal" als jemand in meinem Alter, der eine Frau und zwei Kinder hat und gerade brav seinen Kredit für das Haus abbezahlt?

Die Gesellschaft schafft sich selbst ihre Normen. Jeder Kulturkreis „darf" hierbei bestimmen, was normal ist und was nicht.

Aber gerade in unserer angeblichen „Toleranzgesellschaft", in der Homosexuelle heiraten dürfen, Muslimen ihre Moscheen gebaut werden und Drogen legalisiert werden sollen, dürfte es doch eigentlich keine Normen mehr geben. Manchmal hat man anhand dieses „schwarz-weiß-Denkens" den Eindruck, man lebt im Jahre 1950, wo es das Vorurteil gab, dass jeder Tätowierte auch Knastinsasse war und man im Todesfall mindestens ein Jahr in schwarz gehen muss!

Wenn wir wirklich so tolerant sind, warum ist es denn verpönt, ganz in Rot zur Beerdigung zu gehen? Scheinbar sind wir immer noch in ein mittelalterliches Korsett

-bestehend aus den hohen Normen unserer vorväterlichen Sitten und Bräuche- gesteckt.

In Deutschland war es halt vor Jahren die Norm, mit dreißig verheiratet zu sein und zwei Kinder zu haben. Heute ist es aber nicht mehr die Norm. Aber was ist mit verheirateten Paaren, die keine Kinder hatten oder zehn? Diese waren ebenfalls nicht normal, man wich ja vom gewünschten Normverhalten ab. Leider lassen sich Menschen nicht so normen, wie die „1.-Wahl-Erbsen" vom Eismann oder Bofrost, die alle Einheitsgröße und Einheitsgewicht haben.

Wer oder was ist denn normal? Derjenige, der sein Auto jeden Tag wäscht, oder der es nie wäscht, weil er es als „Gebrauchsgegenstand" sieht? Wer ist normal? Derjenige Mann, der mit 20 Jahren schon zweihundert Bettgespielinnen hatte oder jener, der mit seinem ersten Sex bis zur Ehe warten will?

Wir alle wollen „Normen" setzen und bestimmen und merken scheinbar nicht mal ansatzweise, dass wir uns damit noch mehr einengen, als wir schon sowieso von Gesetzen und Regierungen eingeengt werden.

Medien und Wirtschaft würden die Frage nach der „Norm" ganz anders beantworten. Natürlich ist in deren Augen nur derjenige normal, der artig ihre Markenklamotten kauft und ihre TV-Sendungen konsumiert. Wer keinen Fernseher hat, ist ja nicht normal. Der Trend geht laut den Medien zur Zehntglotze, damit man auch auf dem Klo oder in der Badewanne nicht auf seine Seifenoper oder Gerichtssendung verzichten muss.

Aber die „Wunschnorm" kann auch gefährlich sein. Man siehe nur mal die „Norm" im dritten Reich, von der man gar nicht ungestraft abweichen durfte. Nach Ende des Dritten Reichs war natürlich keiner in der „Norm" und es gab von heute auf morgen keine Nazis

mehr. Wer aufgrund seines Parteibuches einen einflussreichen Posten in der NS-Diktatur erworben hat, tat
halt immer nur seine Pflicht oder war sogar ein „Wider-
ständler", der leider nie dazu kam, seinen Widerstand
zu leisten.

Die „Norm" in der Wählerlandschaft sind -wie schon im
vorderen Teil des Buches erwähnt- die Nichtwähler. Aber
machen die Politiker und Parteien wirklich den aufwän-
digen Wahlkampf für den „unnormalen Wähler"?

Kapitel 14:
Alles ist käuflich!
Die Wahrheit über die Korruption

„Jeder ist käuflich, es kommt nur auf die Summe an"; dies ist ein älterer wohlweislicher Slogan zum Thema Korruption. Doch es sind scheinbar nicht nur Schiedsrichter korruptionsbereit.

Der ganze deutsche Staat ist scheinbar korrupt. Das Grundgesetz ist scheinbar nur für die Wohlhabenden und den Rechtsstaat geschrieben. Mit anderen Worten: §1 Der Staat Deutschland hat immer Recht und darf im Zweifelsfall alles. § 2 Sollte er mal nicht Recht haben, oder sollte die Ziele und Vorstellungen des Staates ungerecht erscheinen, dann tritt § 1 in Kraft.

Das beste Beispiel für die Staatskorruption ist der Artikel 14 des Grundgesetzes. Dieser Passus besagt, dass der Bürger zwangsenteignet werden kann, wenn dies dem Allgemeinwohl dient. Es gilt die These „Gemeinnutz geht vor Eigennutz!". Doch wie weit darf eine solche Enteignung gehen? Es sind Fälle von Großbauern bekannt, die von der Stadt oder dem Landkreis zwangsenteignet wurden, weil die Ländereien für ein Neubaugebiet erforderlich waren. Hierbei versucht der Staat zunächst, den Bauern freiwillig zum Verkauf zu überreden. Kommt er diesen Verkaufswünschen nicht nach, dann wird es halt „von Amts wegen" erledigt. Aber wie weit darf eine Zwangsenteignung gehen? Darf Vater Staat tatsächlich ein 3.500-Einwohnerdorf dem Erdboden gleichmachen, nur weil ein staatliches Atommüllendlager oder ein Autobahnzubringer benötigt wird?

Dem „korrupten Staat" gibt es das Recht, Gesetze derart zu verwässern, dass er im Zweifelsfall -wie gesagt- das

Recht bekommt, alles tun und lassen zu können, was er will.

Doch gibt es überhaupt ein Gesetz gegen staatliche Bevorteilung oder gegen Korruption? Gibt es überhaupt ein Gesetz, welches Bestechung verbietet und unter Strafe stellt? Ja, aber erst seit 1994. Dieses Gesetz gilt aber eher für die Abgeordnetenbestechung, weniger für staatliche Bevorteilung. Dieser Paragraph wird fast gar nicht in Anspruch genommen. Erst 13 Jahre nach Verabschiedung dieses Gesetzes wurde der erste deutsche Volksvertreter wegen Bestechlichkeit und Korruption zu einer kleinen Bewährungsstrafe verurteilt.

Dieser Paragraph ist so eng gefasst, dass ein sichtlicher Verstoß dagegen erschwert erscheint. Alle anderen Paragraphen im Strafgesetzbuch sind besser erläutert. Betrug ist beispielsweise „eine Vortäuschung falscher Tatsachen um sich einen Vermögensvorteil -oder geldwerten Vorteil- rechtswidrig zu verschaffen". Der Bestechlichkeits und Korruptionsparagraph (§ 108 e STGB) ist ein Buch mit sieben Siegeln. Es geht hierbei nur um den Stimmungskauf, nicht jedoch um Zuwendungen in Geld oder Geldeswert. Großzügige Spenden nach der Wahl oder auch Geldüberweisungen an die Ehefrau eines Abgeordneten sind jedoch straffrei. Wenn alle Stricke reißen, dann kann man die Geldzuwendung noch als „zinsfreies Darlehen" deklassieren.

Im Jahr 2004 musste Deutschland unter hohem internationalen Druck die UN-Konvention gegen Bestechlichkeit und Korruption unterzeichnen, die eine umfassende Strafbarkeit von Bestechlichkeit nicht nur beim Abstimmen fordert. Die Unterzeichnung Deutschlands geschah sehr widerwillig. Man hätte den Eindruck gewinnen können, die deutschen Abgeordneten würden damit ihr eigenes Todesurteil unterschreiben. Wenn ich nichts zu verbergen habe, dann dürfte es doch -nach dem logischem Menschenverstand zufolge- kein Problem sein, eine solche Konvention zu unterschreiben.

Trotz alledem haben die Politiker öffentlich bekanntgegeben, dass sie keinesfalls die Konventionen umsetzen werden. Als Grund nannte CDU-Bundestagsabgeordneter Siegfried Kauder jene Tatsache, dass er „keinen einzigen bestechlichen Bundestagsabgeordneten kennt". Insofern gibt es hier -logischerweise- keinerlei Handlungsbedarf.

Mittlerweile verpflichtete das Bundesverfassungsgericht die Politiker dazu, ihre Nebenjobs über tausend Euro offenzulegen. Die BILD bediente sich natürlich herzlich gerne an dieser Tatsache, und druckte vor einigen Jahren die Liste der wichtigsten und bekanntesten Bundestagsabgeordneten samt Nebenjob und Verdiensthöhe ab. Hierbei kann natürlich „Otto Normalverbraucher" die Galle hochkommen. Sein Hinzuverdienst zur Rente oder zu staatlichen Sozialleistungen ist begrenzt, und im Zweifelsfall wird der Nebenverdienst angerechnet. Bei den Politikern ist dies natürlich anders. Man darf gerne vor, während und nach der Laufbahn als Abgeordneter zahllosen Nebenjobs nachgehen ohne irgendwelche Einbußen zu haben. Fraglich ist jedoch die Tatsache, ob dieser oder jener Bundestagsabgeordnete diese Nebentätigkeit auch durchführen würde, wenn ein Gros seines Verdienstes auf seine Diäten angerechnet werden würde.

Vor allen Dingen: Politiker und Bundes- oder Landtagsabgeordnete sind Staatsdiener; also eigentlich Beamte. Beamte -egal in welchem Amt oder Behörde-dürfen gar keinen Nebenjob ausüben, denn sie haben ihre gesamte Kraft dem Dienstherren zur Verfügung zu stellen. Nur so viel zur Gleichberechtigung von „einfachem Bürger" und Politiker. Viele andere Arbeitgeber untersagen ihrem Mitarbeiter einen Nebenjob, sofern er nicht schon im Arbeitsvertrag als „ausdrücklich verboten" deklassiert wird.

Der Gedankengang an „korrupte Politiker" jenseits von Süd-und Mittelamerika ist natürlich undenkbar. Natürlich glaubt nicht ein deutscher Bürger ernsthaft, dass es seit 1949 keinen einzigen bestechlichen Politiker gegeben hat! (Vorsicht Sarkasmus!)

Kapitel 15:
Umweltschutz? Nein danke!

„Kinder haften für ihre Eltern"; so hieß es vor Jahren
mal auf Anti-Atom-Bannern irgendwelcher grüner Au-
tonomen. In den 70-er Jahren hieß es „Atomkraft, nein
danke!" Es sind nicht nur die „Müslis", die unsere Welt
für unsere Nachkommen schonen und aufbewahren
wollen.

Aber ich frage mich als erstes: Will man überhaupt
noch Kinder in diese Welt setzen? Mit allen diesen Problemen, die wir haben: Terroranschläge, Kriege, hohe
Arbeitslosigkeit etc. Das hat alles Vorteile, man muss
es nur erkennen.

Auch hohe Arbeitslosigkeit hat Vorteile: „Wenig Fei-
erabendverkehr" und „keine überfüllten Pendlerzüge"
fallen mir hierbei ein.

Der Umweltschutz gehört zu den Problemen, die wir
scheinbar noch gar nicht bemerkt haben. Dies hat diverse Klimakatastrophen zur Folge, und nicht umsonst
warnen Wissenschaftler und Experten vor den schwer-
wiegenden Konsequenzen wie „globale Erderwärmung" oder „steigendem Meeresspiegel". Auch das hat
Vorteile. Unter diesen Umständen hat sich das mit Holland bald erledigt. Jedoch dürfen wir die Augen nicht
vor folgender Tatsache verschließen: Wir haben jedes
Jahr die wärmsten Winter aller Zeiten. Viele Schüler
kennen den Schnee nur noch von der Toilette.

Umweltschutz wird von vielen Menschen grundver-
schieden definiert. Die wendländischen Castorgegner
betreiben ihren „Pseudoumweltschutz" mit Demon-

strieren gegen das Atommüllendlager Gorleben. Gerne wird hierbei „Widerstand gegen die Staatsgewalt" betrieben, in dem man sich „einfach mal so" aus Protestgründen auf irgendwelche Bahnschienen kettet. Diese dummdösigen Grünen sollten sich hierbei lieber mal überlegen, welchen Schaden sie damit anrichten könnten. Gesetzt den Fall, der Zug entgleist und der Atommülltransport wird beschädigt, dann liegt der ganze Atommüll irgendwo schutzlos auf einer Eisenbahnstrecke. Diese mögliche atomare Gefahr könnte durchaus mehr Schaden anrichten, als wenn der besagte Reaktormüll irgendwo in einem Salzstock vor sich hin rottet.

Umweltschutz wird scheinbar nur so lange betrieben, bis man sich irgendwann selbst mit irgendwelchen Rechten und Privilegien beschneidet. Was war denn Anfang der 80-er Jahre mit dem Einzug der Bündnis´90 / Grünen in die deutschen Parlamente. Es wurde Umweltschutz gepredigt, und man fuhr die ersten Tage brav mit dem Fahrrad in die Parlamente, bis man merkte, dass der Dienstwagen viel praktischer ist. Umweltschutz als Lüge?

Deutschland an sich ist umweltfreundlich, aber nur bis zu einem gewissen Maße. Nämlich dann, wenn sich die hochgiftige Schlange „Politik und Umweltschutz" oder „Wirtschaft und Umweltschutz" selbst in den Schwanz beißen müsste. Die EU-Kommission musste vor einigen Jahren auf krankhaften, pseudoaggressiven Druck der Bundesregierung Deutschland und der deutschen Autokonzerne von der Wunschvorstellung klimaschädliche Autoabgase durch Herstellung sparsamer Motoren zu drosseln, abweichen. Grund hierfür ist die Tatsache, dass sämtliche deutschen Autokonzerne mit dem Abbau zehntausender Arbeitsplätze gedroht haben, falls sie Neuwagen umweltfreundlich modernisieren müssten. Natur- und Unweltschutzmaßnahmen behindern halt die Infrastruktur.

Verkehrsminister Tiefensee meinte, dass eine „spritsparende Fahrweise" ausreichen würde, das Klima und die Umwelt zu schonen.

Auch der Biosprit ist keine Alternative. In der USA boomt das Geschäft mit dem Biosprit. Dieses hat zur Folge, dass kleinere Länder oder Dritte-Welt-Staaten ihren Mais und andere Rohstoffe brav in die Staaten verkaufen und dann nicht mehr genug auf dem Teller haben. Wenn dies so weitergeht, wird der angesprochene Mais möglicherweise bald so teuer wie Lychees werden, und der Gang zum mexikanischen Restaurant um die Ecke wird für Otto Normalverbraucher zum unbezahlbaren Luxus.

Selbst wenn Autos entwickelt werden würden, die mit Wasser fahren, wäre das nicht praktikabel. Man würde ja den erdölproduzierenden Ländern ihre Existenzgrundlagen wegnehmen.

Aber Deutschland wäre ja nicht Deutschland, wenn man nicht für jeden Mist ein Amt baut und Gesetze verabschiedet, die mit Steuern und damit verbundenen Steuererhöhungen zu tun haben. „Vater Staat" glaubt seinen Beitrag zum Umweltschutz geleistet zu haben, wenn er eine „Ökosteuer" erlässt. Natürlich nur in Form von Strom-, Kraftfahrzeug- und Mineralölsteuer. Die Ökosteuer ist ebenso wie die Mehrwertsteuer eine reine Endverbrauchersteuer, die nicht das Unternehmen, sondern den einfachen Bürger trifft, der dieses dann „richtig im Portemonnaie" spüren darf.

Doch auch diese Art der Ökosteuer ist nur eine besondere Art der Volksverblödung. Die Steuereinnahmen fließen gar nicht oder nur in geringem Maße in die Produktion erneuerbarer Energien, dafür aber zu über 90

Prozent in die Rentenkasse.

Eine besondere Art des Umweltschutzes begann schon vor über zwanzig Jahren mit der Einführung des gelben Sacks, der Ökotonne und mittlerweile auch der „blauen Tonne" für Altpapier. Dem Haushalt wird die gesamte Einfahrt mit Tonnen zugestellt. Der verblödete Deutsche nimmt es hin und macht es weitestgehend mit. Doch auch hier macht sich Pseudoumweltschutz bemerkbar. Denn wenn man es genau nimmt, dann gehört die leere Parfumflasche nicht in den Normalmüll. Das Glas müsste in den Altglascontainer für Buntglas, der Zerstäuber in den Normalmüll und die Verpackung in die Altpapiertonne. Selbst ein Einmalrasierer müsste auseinandergenommen werden, weil Klinge (Metall), Plastik und die möglicherweise noch im Schneidekopf vorhandenen Bartstoppeln getrennt entsorgt werden müssen. Wer es ganz genau nehmen will, der entfernt bei weggeworfenen Schreiben und Briefen die Tackerklammer und entsorgt diese separat - und nicht mit dem Papier zusammen im Altpapiercontainer.
Ein Fazit sollte bei der Mülltrennung nicht außer Acht gelassen werden: Über 50 Prozent des von Menschenhand getrennten Mülls landet im falschen Container. Somit sind nicht nur diejenigen Umweltsünder, die ihre defekte Waschmaschine in den Wald schmeißen oder den Ölwechsel im örtlichen Baggersee durchführen.
Das einzige Sinnvolle im Rahmen des Umweltschutzes scheint das Dosenpfand zu sein. Somit haben die Suffunken vom Hauptbahnhof genügend Grund ihr Dosenleergut zwecks Organisation von Neualkohol in den Supermarkt zurückzubringen, statt auf der Parkbank

liegenzulassen oder in der Gegend herumzuwerfen.

Kapitel 16:
Haben wir wirklich alle
die gleichen Chancen?

Diese Überschrift kann man leider nur mit einem klaren „Nein" beantworten. Denn bereits vor der Geburt hat sich die Frage, ob dem zukünftigen Erdenbürger das Leben „Sekt oder Selters" bietet, schon beantwortet.
Als Beispiel kann man Folgendes anführen: Ein Kumpel von mir ist Vater geworden. Das ist wenigstens ein Mensch. Da weiß ich wenigstens, dass das Kind in normalen, geregelten Verhältnissen aufwächst. Mein Kumpel ist Abteilungsleiter in einem großen Betrieb, seine Frau ist Ärztin. Die haben geheiratet, sich ein großes Haus gekauft, zwei Autos, finanzielle Sicherheit. Da wächst der Kleine sicher auf.
Aber das ist ja die Seltenheit. Wer kriegt denn heute noch Kinder? Das sind doch meist irgend solche Asozialen. Gucken Sie doch mal: Super Nanny und Jugendcoach und so ´nen Mist. So gelernte Frührentner. Hobbys: Bier, Korn und Bumsen. Ich persönlich bin für den Elternführerschein. Ja. Dann müssen die Paare beantragen, ob sie sich vermehren dürfen - dann guckt ein Gutachter die Familienverhältnisse an und sagt ja oder nein.
Und bei richtigen Familien wie bei meinem Kumpel wird der Antrag genehmigt- und wenn da irgendwelche Assifamilien kommen, wird abgelehnt- und zur Sicherheit noch der Dödel amputiert.
Das wäre auch richtig. Ich meine diese Assifamilien setzen Kinder in die Welt und leben denen das Assileben vor. Und dann wachsen wieder Assis ran, die auch

wie Assis leben und Assikinder zeugen. Das ist ein Assikreislauf. Assikinder machen Assikinder machen Assikinder. Aber die Kinder können ja nichts dafür. Das wird denen ja vorgelebt. So einem Kind wird doch im Voraus schon jede Lebensperspektive genommen. Da wird -wie gesagt- die Frage „Sekt oder Selters" schon vor der Geburt beantwortet. Oder besser gesagt: „Sekt oder Dosenbier!"

In Deutschland brauchst du für alles Genehmigungen: Baugenehmigung, Fahrerlaubnis, Gewerbeschein - nur Kinder kriegen - das darf jeder Idiot.
Und dann guck' dir mal diese Kinder an, von diesen Assifamilien, mit sechs, acht oder achtzig Kindern. Aber diese Assieltern kümmern sich auch nicht um dieses Brüllfleisch.
Ich weiß gar nicht, warum die wertlosesten Menschen die meisten Kinder haben.
Ja, ich habe nichts gegen Kinder - solange sie farblich zur Schrankwand passen. Nein, ich habe wirklich nichts gegen Kinder. Aber dann in richtigen Familien und nicht solche Assis.
Dieses lichtscheue, arbeitslose Gesindel sitzt zu Hause und säuft, und die Blagen treiben sich irgendwo rum, und wenn sie Hunger haben, gibt's drei Euro für einen Döner.
Die Asozialen brauchen sich auch keine Sorgen zu machen. Geld gibt's vom Staat - und wenn Hartz 4 zu Ende ist, dann versaufen sie das Kindergeld. Und die wohnen im Müll mit 20 Kindern oder so. Wie die Ratten! Na gut ich bin jetzt ungerecht. Ratten vermehren sich wenigstens nicht, wenn nicht genug zu fressen da ist und der Lebensraum fehlt.
Ich sehe das ja in der Zeitung. Bei uns haben wir so ein

Anzeigenblatt, da sind die Fotos von neugeborenen Babys veröffentlicht. Da steht dann: Cindy-Lynn ist geboren. Es freut sich: Maryse-Jessica Müller. Wo steht denn der Vater? Normalerweise steht doch sowas wie: Lukas ist geboren. Es freuen sich Sabine und Andreas Heidenreich. Ja, aber diese doofe Sonderschülerin kennt natürlich den Vater nicht. Weil die auf der Sonderschule auf dem Klo mit jedem Assi rummacht. Woher soll die denn den Vater kennen? Halt doch mal den Arsch an eine Kreissäge und sage mir dann, welcher Zacken dich gerissen hat.

Diese jungen Mütter heutzutage. Alle so Typ H&M-Verkäuferin, Bauch- und hirnfrei und alles zugetackert mit den Scheiß Blitzableitern. Die haben so viele Piercings. Wenn die mal abkratzen, weißt du gar nicht, was mit denen zu tun ist. Verbrennen oder in die Schrottpresse? Aber wichtig ist es, dass Piercings von Profis gemacht werden. Wenn das irgendwelche Amateure machen, ist das gefährlich. Ich meine, so ein unerfahrener Amateur sticht nachher noch die Brustimplantate an.

Aber wie sollen Assieltern die Kinder erziehen? Vor meinem Vater habe ich Respekt. Aber was passiert schon bei den jungen Müttern? Wenn der kleine Fickfehler wieder Mist gebaut hat. „Horst-Kevin- warte mal bis der Papa nach Hause kommt." „Wer?" oder noch besser „Welcher?"

Dann haste den Spaß, wenn im Alter von 16 Jahren der erste Vollstreckungsbescheid ins Haus flattert mit einer Forderung von 22.000 Euro von der Firma Jamba-Klingeltöne.

Was ist das??? Ich wollte mir doch nur das bekloppte Schaf und die besoffene Ratte als Klingelton runterladen. Das brauche ich nicht. Wenn ich bekloppte

Hammel und besoffene Ratten sehen will, dann stelle ich mich eine halbe Stunde vor die nächstbeste Hauptschule.

Man hört ja manchmal komische Dialoge. So Szene Assivater und Assikind. Also ein richtiger ungewaschener Assivater mit so einer Säuferrunkel. Der jobbt auf der Müllhalde, als Geruch. Der hatte nur noch zwei Zähne. Der könnte in der Druckerei arbeiten - als Locher. Und der Assivater zum Assikind: „Ey, geh mal zum Kiosk und kauf mal für die Mutti drei Pullen Wodka. „Ne keine Lust." „Ey, die Mutti ist im neunten Monat - soll die selber laufen gehen?"

Kapitel 17:
Die Sex-Toleranzlüge!
Akzeptieren wir wirklich andere Vorlieben?

1. Sex im „reifen Alter"

Dem normalmenschlichen Ethos wird auferlegt, dass Sexualität nur zwischen „schönen, wohlgeformten Menschen" stattfinden darf. Wenn korpulente Menschen Sex haben, dann wird dieses gerne als ekelig oder widerlich betitelt. Ein gefühltes Tabuthema in Deutschland ist Sex im Alter. Wer will sich wirklich Oma und Opa beim Liebesspiel vorstellen, oder überhaupt Menschen über fünfzig beim Sex?

Irgendwie gilt schon jener als krank, der morgens aufwacht und Sex mit Uschi Glas will. Dann muss man schon überlegen - bin ich pervers oder Archäologe? Um sowas wie Uschi Glas zu sehen, muss man sonst sehr lange graben.

Viele finden sowieso, dass Sex ab 45 Jahren eher unästhetisch ist. Sex ab 45 ist in den Augen vieler einfach nur ekelig und abartig. Das ist wie mit Mumien. Das sieht einfach nicht mehr aus.

Allein der Gedanke, dass die eigenen Eltern noch Sex haben, ist für viele unerträglich. Gut, in meinem Fall wäre es schon ekelig. Meine Mutter ist seit Jahren tot.

Trotzdem gibt es -in den Augen einiger wohl oder übel-Menschen, die mit 45 noch Sex haben. Manche sogar noch mit 70 oder so. Dann kann man schon folgende These vertreten: Wenn Gott gewollt hätte, dass man ihn noch mit 70 hochkriegt, dann hätte er ihm Flügel gegeben.

Kein Mann mit 55 Jahren oder so kann doch ernsthaft sagen, er schläft mit seiner Frau, weil er sie liebt. Der vögelt, weil er notgeil ist und nichts anderes hat. Mal ernsthaft: Jeder Mann mit 55 muss doch zugeben, dass er lieber eine 20-jährige Blondine im Bett hätte und nicht Cellulitis und Hängetitten.

Eine Bekannte von mir ist 48 Jahre und die sagte, sie hat manchmal intensiven Sex - über eine Stunde lang. Wie soll das denn gehen? Wenn ich eine Stunde ficken würde, dann könnte ich mein Ding als Brennstab ins Atomkraftwerk hängen. Dann fragte sie noch, ob ich noch nie Sex mit einer „reifen Frau" gehabt hätte.

Was heißt „reife Frau"? Das ist doch das ungeschriebene Pseudonym von alt. Aber man muss keinen Sex mehr haben, wenn man überreif ist. Mit 70 oder älter. Wenn du mit 70 über den Friedhof gehst, dann binden sich die Maden schon Lätzchen um. Mit 70 ist man doch schon durch. Da hat man doch keine Aktivitäten mehr -ausser vielleicht Seniorenschwimmen- und das geht ja auch nicht. Wenn so ein Rentner im Wasser steht und das Plätschern hört, dann fängt dieser doch gleich an zu pinkeln.

Da hilft nicht mal Granufink. Ich weiß sowieso nicht warum die Ärzte 70-jährigen noch Mittel gegen Harndrang verschreiben. Die sind Rentner - die haben genug Zeit zum Pissen.

Wenn man das Wasser nicht mehr halten kann, dann sollte man erstrecht keinen Beischlaf mehr ausüben. Ich kann mir auch nicht denken, dass der Sex im Alter besser wird. Manche sagen - reifere Personen haben ein intensiveres Vorspiel. Da kannst mal sehen, wie bescheuert die sind. Ich parke doch nicht ´ne halbe Stunde vor der Garage bis ich reinfahre.

Und dann diese unromantischen Anreden. Irgendwann, wenn man dann „Vati" und „Mutti" oder „Papa" und „Mama" zueinander sagt. Kennt ihr? „Papa, möchtest du noch etwas Sauce auf deine Kartoffeln?" Die reden sich mit 50 mit „Papa" und „Mama" an. Ich glaube, so haben die auch Sex. „Ja, Papa - fick mich schön hart durch. Ja voll in den Arsch. Ja, Papa, besorgs mir, Papa". Sowas hörte man sonst nur bei Josef Fritzl. Hat man ja gar nicht gehört - war ja unter Tage.

Das Gute ist ja Folgendes: Frauen wollen im Alter weniger Sex. Männer wollen ja noch mit 80. Und dann denken sie dabei wahrscheinlich an so scheingeile wie Andrea Berg - das Pin Up Girl der Riester-Rentner.
Ja, Gisela ich habe beim Höhepunkt nur an dich gedacht. Nicht nur pervers, auch noch verlogen. Wenn mich meine Ex danach gefragt hat woran ich denke, habe ich immer gesagt: „Kennst du nicht!"
Wenn ich daran denke, dass Oma und Opa noch Sex hätten. Ich habe mal Opa bei der Goldenen Hochzeit gefragt, was die schönsten Jahre seiner Ehe waren. Da hat er gesagt, das waren die Jahre in russischer Kriegsgefangenschaft.
Mein Opa bekam irgendwann auch von der Sparkasse die EC Karte „Senior". Mit einstelliger Geheimzahl - aber zehn Versuchen!

Alte Leute sollten wie gesagt keinen Sex haben, sondern weise Ratschläge geben: Blut geht mit kalt Wasser raus, Spinat darf man nicht aufwärmen, eine Grilldorade ist gar, wenn die Augen platzen - wie in der USA auf dem elektrischen Stuhl. Ich mag weise Ratschläge.

Meine Oma sagte immer: „Junge, und wenn du wüsstest, dass Du morgen stirbst - dann kannst du heute in der Kneipe noch anschreiben lassen. Denn wenn alle Stricke reißen - können wir uns immer noch aufhängen!"

Aber eins muss ich noch sagen. Ich habe in der Kneipe einmal eine 37-jährige Frau kennengelernt, die sagte - sie wolle Männer im Bett, denen sie noch etwas beibringen kann. Da habe ich gesagt: „Dann gehe auf den Spielplatz und fick ein Kind!" Jetzt mal ehrlich. Die Jugendlichen von heute sind doch frühreif. Gerade die Mädels. Die haben doch mit 13 Jahren die ersten drei illegalen Abtreibungen in Holland hinter sich und die gleichaltrigen Jungs wissen gar nicht, wo Holland liegt.

Was willst du einem Volljährigen noch beibringen? Die Jugendlichen kennen sich doch bald mit Sex besser aus als wir in unserem Alter. Da muss man doch Angst haben, dass man gerade mit seiner Frau schläft und der kleine Steppke kommt rein und sagt: „Du Papa, du machst da was falsch!".

2. Ich bin schwul, und das ist auch gut so.

Viele Männer haben Probleme mit männlichen Homosexuellen. Anders ist bei vielen Kerlen wiederum der Gedanke an zwei attraktive Frauen bei Liebesspielen. Attraktive Lesben sind also bei Männern anders angesehen als gleichgeschlechtliche Paare bei den Herren. Trotzdem hat man -ehrlich gesagt- den Eindruck, dass weder Gott noch die Evolution Homosexuelle gewollt haben. Wenn Gott das gewollt hätte, dann hätte er nicht Adam und Eva erschaffen, sondern Detlef und Olaf. Warum können die Schwulen keine Kinder kriegen?

Wenn die Evolution das vorgesehen hätte, dann wäre dieses sicherlich machbar.

Obwohl, es gibt das „Courade Syndrom". Das ist, wenn sich Männer schwanger fühlen, wenn die Partnerin schwanger ist.

Manche Schwule steigern sich auch in eine Schwangerschaft rein. So Schwule kenne ich auch. Jedesmal, wenn die einen fahren lassen, denken die, das Kind atmet.

Das Nervige ist bei den Schwulen -in den Augen vieler Männer- besonders dieses Rumgetucke. „Eideidei-Schalömsche mit Ömsche. Guck mal, Detlef, ich habe für dich gekocht - entzückend, gnädige Frau!"

Trotzdem scheint es im verblödeten Deutschen eine Art „Schwulenkult" zu geben. Christopher-Street-Day und sämtliche Schwulenpartys „laden" auch Heterosexuelle Menschen gerne zur Anwesenheit ein. Trotz allem hat man irgendwie den Eindruck, die Homosexualität sei in Deutschland „zwar schweigsam geduldet", aber weiterhin auch nur eine Art „Scheinintegration".

„WER ALS MANN BEI EINEM MANN LIEGT,

WIE BEI EINER FRAU - DER IST DEM HERRN EIN GREUEL."

-Bibelzitat

Zum Geleit!
Ein Abschluss zur Verblödung!

Sokrates sprach: „Wer weiß, dass er nichts weiß, weiß mehr als der, der nicht weiß, dass er nichts weiß". Irgendwie hat der gute Mann Recht. Unwissenheit und Dummheit sind eigentlich wie Armut. Es ist keine Schande, allerdings ebenso wenig eine Bereicherung. Nur freut sich der Deutsche tierisch über die Dummheit, das Versagen und Scheitern anderer. Man lacht über den peinlichen „Deutschland sucht den Superstar"-Teilnehmer, wenn dieser von Doofbratze und Grinsrübe Dieter Bohlen vor einem debilen Millionenpublikum mit üblen, unterirdischen Sprüchen degradiert wird. Man begeistert sich wie Bolle auf dem Milchwagen über die lustigen Pannenshows und Homevideos auf RTL 2. Oh, da fliegt ja der Mann in den Swimmingpool oder stolpert über seinen eigenen Hund. Slapstick, wie es nicht viel einfacher geht.

Der Mensch lacht gerne über die Dummheit anderer. Der Herr, der auf der Bananenschale ausrutscht, ist um Längen komischer als der, der die Südfrucht wahrnimmt und darübersteigt. Doof sein ist komisch. Millionen Menschen lachen sich scheckig, wenn ein pseudoschlauer Oberlehrer bei Günter Jauch auf dem „Wer wird Millionär"-Stuhl bei der „Fünfzig-Euro-Hürde" glanzvoll scheitert, weil er nicht weiß, wo das Pferd im „Klaus und Klaus-Gassenhauer" eigentlich steht.

Wichtig ist eigentlich „kollektive Intelligenz", wie

dies etwa bei Bienen- oder Termitenvölkern der Fall ist. Beim Durchschnittsdeutschen scheint diese Art der Gruppenintelligenz nicht da zu sein. Tiere scheinen oftmals wirklich intelligenter und niveauvoller zu sein als Menschen. Ein Pferd hört beispielsweise auf zu saufen, wenn es keinen Durst mehr hat. Ein Privileg, welches ich den Ballermann-Pauschaltouristen durchaus wünschen würde. Auch verhält sich ein Tier -wie gesagt- niveauvoller. Selbst doofe Tiere tun dies. Eine Tiefseequalle hat beispielsweise überhaupt gar kein Gehirn. Trotzdem habe ich noch niemals in einer Kneipe eine besoffene Tiefseequalle vorgefunden, die im Vollsuff vergeblich versucht, ihren eigenen Furz anzuzünden.

Die Aneignung von Wissen ist erforderlich, damit Deutschland nicht ewig als das dümmste Volk in ganz Europa gilt. Wer den Weltkrieg anzettelt, der sollte ihn schon gewinnen. Mit der angesprochenen Aneignung von Wissen kann man nicht nur schlechte PISA-Ergebnisse abwenden. Lange Zeit hieß es ja: „Deutschlands Rohstoff ist Bildung". Jetzt ist nur noch darauf zu achten, dass diesem Rohstoff nicht noch die allerletzten Ressourcen ausgehen. Mittlerweile wimmelt es von Ratgebern wie „Hochgebildet in dreißig Tagen!". Aber eines bleibt trotzdem unumstritten: Wenn ein Volldepp in den Spiegel schaut, dann kann kein Genie zurückblicken. Man kann aus einem Ackergaul so schnell kein Rennpferd machen. Ebenso kann man aus besagtem Volldeppen nicht von heute auf morgen einen allwissenden Hochintelligenten machen. Freundlicher gesagt: Es gibt ja eigentlich keine „doofen" Menschen, sondern nur welche, die wenig wissen. Meist weniger als der Durchschnitt.

Mittelfristig müssen wir uns damit abfinden, dass wir

so schnell nicht wieder ein „Land der Dichter und Denker" werden. Trotzdem wäre es schon beruhigend zu wissen, dass unsere jugendliche Generation Mussolini nicht Juventus Turin oder Beethoven Ajax Amsterdam zuordnet, dass Goethe kein Versandhaus ist und Reclam kein deutscher Schriftsteller.

Trotz alledem gab es bei Quizshows im deutschen Fernsehen erwachsene, scheinbar kluge Kandidaten, die auf die Frage nach einem „Schokoriegel welcher nach einer römischen Gottheit benannt wurde", mit „Snickers" antworteten.

Ebenso furchtbar ist die scheinbare Verdummung durch Panikmache. U-Bahnfahren ist auch nach dem Überfall auf einen Rentner Ende 2007 nicht gefährlicher als früher, obwohl dieses von Assimedien so deklassiert wurde. Natürlich braucht man hierbei einen ewig gestrigen Rentner, der stolz seine Parole von sich gibt, dass es „dieses alles" bei Adolf nicht gegeben hätte. Sicherlich gab es solche Verbrechen auch im Dritten Reich, aber die Strafen hierauf waren deutlich härter, und man hat nicht alles publik gemacht, was nicht für die Augen und Ohren der Öffentlichkeit bestimmt war. Es wurde halt' viel totgeschwiegen. Genauso wie zu meiner Schulzeit das Dritte Reich um Hitler, seine Machtergreifung und der Zweite Weltkrieg totgeschwiegen wurde. Geschichte und Politikunterricht machten nach dem ersten Weltkrieg und Bismarck eine Pause, und setzten dann erst wieder 1945 ein. So, als ob es einen zweiten Weltkrieg nie gegeben hätte.

Aber nach wie vor widmet man sich in der Fernsehlandschaft lieber irgendwelchen asozialen Minderheiten. Laufend sprießen neue Fernsehformate aus dem Boden. Tendenz weiterhin steigend. Natürlich spielen diese in irgendwelchen Vierteln von hauptsächlich sozial Schwächeren. Unterschichtenbloßstellung bis zum Abwinken. Dieses ganze Prozedere ist natürlich viel spannender, als den Tagesablauf von 08/15 Familien zu begleiten. Schreiende und kreischende Assis statt ernsthafter Tagesgespräche.

Schlimm ist es halt nur, wenn Doofsein Kultstatus erreicht. Ein gutes Beispiel hierfür ist die ehemalige Big Brother „Ikone" Zlatko. Wenn dieser den „Romeo und Julia"-Autoren für ein Biergetränk hält, freut sich die debile Fernsehlandschaft. Gleiches gilt auch für Pseudopornostar „Sachsen-Paule". Mit dieser Blödheitsideologie kann man dann das gesamte Gagafernsehen abgreifen. Wieso ist in der heutigen Gesellschaft das Doofsein besser angesehen als die Intelligenz? Warum wird in der Schule der Klassendepp für seine ungenügende Note unter den Schulkameraden gefeiert, während der Einserkandidat und Klassenprimus als „Streber" tituliert wird?

Doofsein ist toll. Daher kommen auch solche Bezeichnungen wie „Dumm fickt gut". Aber hierbei ist zu überlegen, ob das Sexhasenblondchen wirklich eine Daueralternative ist. Vorausgesetzt, man will sich in einer Beziehung auch mal ansatzweise unterhalten. Aber ist der Slogan „Doof geboren und nichts dazugelernt" wirklich eine brauchbare Referenz? In Deutschland scheinbar ja. Sonst würde der leicht verblödete Fernsehzuschauer sich ja nicht vor Lachen auf dem Sofa kringeln, wenn ein Pseudointellektueller bei einer Quizshow auf die Frage nach dem Ort, wo sich eine Gallionsfigur befindet, mit „an einer Ampel" antwortet. Dummheit erkennt man mittlerweile wenigstens daran, wenn der Kollege in der Kantine damit prahlt, bei Günter Jauch fünfzig Euro gewonnen zu haben.

Die -so oft als dumm und kriminell- deklassierte Jugend von heute hat scheinbar sowieso keine normalen Arbeitsziele. Denn für „Berufe" wie „Bankräuber" oder

„Drogendealer" gibt es halt keine Lohnsteuerkarte. Wenn das Fernsehen schon keine Pseudolebenshilfe für Unterschichten anbietet, dann muss es in der Glotze wenigstens knallen, und es muss Blut spritzen. Die Gafferfraktion kann sich dann bei „Explosiv" oder „taff" daran ergötzen, wenn Menschen durch Steinwürfe auf Autobahnen verunglücken, Menschen bei lebendigem Leib in ihren Häusern verbrennen oder Züge entgleisen. Man kann sich dann gemütlich und beruhigt seine Tiefkühlpizza samt Dosenbier in die Plautze schieben, verbunden mit dem guten Gewissen, dass es „zum Glück ja nicht mir passiert ist". Aber Gaffer sind sowieso überall. Gibt es irgendwo einen Feuerwehr- oder Krankenwageneinsatz ohne Gaffer? Diese Geisteskranken, die sich um den Unfallort positionieren und einfach blöde stieren, ohne ansatzweise helfen zu können oder zu wollen.

Zivilcourage ist überflüssig. Nachher wird man noch selbst zum Opfer. Besser ist es, einfach zuzuschauen oder wegzusehen. Was habe ich mit dem Fahrradfahrer zu tun, der gerade vom Auto überfahren wurde? Okay, der Autofahrer hat zwar Fahrerflucht begangen, aber ich tu lieber so, als hätte ich nichts gesehen. Soll sich doch der nächste, der vorbeikommt, darum kümmern.

Doof-TV will einfach nicht aussterben. Besonders toll ist es, wenn sich die „Helden" selbst zum Deppen machen. Ein Beispiel hierfür ist „Kommissar Rex". Die ach so gefeierten Helden Richard Moser (Tobias Moretti) oder Alex Brandtner (Gedeon Burkhard) schaffen es ohne die Hilfe ihres Köters nicht mal, einen Ladendieb festzuhalten. Der Schäferhund beherrscht einfach alles, daher wirkt diese „Krimiserie" sehr unrealistisch. Rex schiebt den Einkaufswagen, bringt das Telefon und macht sonst jeden anderen Müll. Ein gutes Image vom österreichischen Polizisten, der ohne seinen Spürhund nicht mal einen Zettel in den Papierkorb werfen kann. Schön peinlich, wenn Christian Böck alias Heinz Weixelbraun mit seiner bubenhaften Günter Jauch-Visage seinem Chef beichten muss, dass der Rex schon wieder seine Wurstsemmel verputzt hat.

Trotz alledem wurde Rex in unzählige Länder exportiert. Die ganze Welt findet die Allroundtöle ganz toll. Ebenso wie der Schwarzwaldklinik-Kitsch in den 80-er Jahren um Professor Brinkmann und Co.! Diese mittlerweile nach der gefühlten 1.957 Wiederholung nur noch kitschig wirkende Krankenhausserie wurde ebenfalls in hunderte Länder verhökert. Herzlichen Glückwunsch, oder wie man themenbezogen sagen könnte: „Gute Besserung!".

Götz George hält übrigens gar nichts von den Serienstars. Im April 2007 teilte er öffentlich mit, Empfänge zu hassen, weil dort „nur Friseure, Köche, Telenovelasternchen und andere Knalltüten anwesend sind".

Die Crew der ZDF-Seifenopfer „Wege zum Glück" schrieb einen bösen Brief an den Schimanski-Darsteller und forderte mehr Respekt.

Ich persönlich hasse übrigens alle Telenovelas. Ich glaube, „Gute Zeiten, schlechte Zeiten", „Marienhof" und „Unter uns" ist nur etwas für Leute, die im „realen Leben" keinerlei Beschäftigung und Probleme haben und sich dann um die gespielten Probleme ihrer „Fernsehlieblinge" kümmern müssen.

Auf jeden Fall lassen SIE sich das Selberdenken bitte

nicht verbieten.

Amen!!!

Zum Abschluss wollte ich kurz „Danke" sagen

Ein Buch schreibt sich nicht von allein. Außerdem kann man auch nie sagen, man habe dieses oder jenes Werk ganz alleine vollbracht. Eine ganze Reihe von Zufällen, Tatsachen und Umständen führt zur Erstellung eines - hoffentlich erfolgreichen- Werkes.

Danke erstmal an alle im Impressum erwähnten Mitarbeiter. Ohne eure Mithilfe und eure tatkräftige Unterstützung würde dieses Lesewerk wohl nicht so dastehen wie es jetzt der Fall ist.

Danke, Christian Körtke für die spontane Bereitschaft, Lektorat, Satz und Covergestaltung zu übernehmen.

Ein ganz besonderer Dank gilt hierbei -wieder einmal- Herrn Benjamin Angerer, welcher jetzt schon seit über drei Jahren mit mir zusammenarbeitet. Jener Herr Angerer, welcher auch meine ganze PR-Arbeit erledigt. Von der Homepagegestaltung über Plakate, Pressemappen und Flyer bis hin zum Buchsatz und Buchcover. Es war sicherlich nicht immer leicht, mit mir zu arbeiten und mich zufriedenzustellen. Daher gilt ihm dieser Dank für seine fast übermenschliche Leistung, dass ihm dieses immer wieder gelingt.

Danke, meine liebe Ute, für die Zusammenarbeit von damals bis heute. Danke auch nachträglich für die erfolgreichen Comedynummern, die du für mich geschrieben hast. Danke für gemeinsame Reisen und schöne gemeinsame Stunden.

Danke dem BoD-Libri Verlag, dass die mich nach so-vielen Jahren immer noch ertragen und bereit sind, mit mir zu arbeiten. Na ja, ihr verdient ja auch ein paar Kröten mit mir. Das macht den Schmerz sicherlich er-träglich. Ganz besonderer Dank hierbei an Frau Janett Petersen, mein „offenes Ohr" für Projektbetreuung und Umsetzung.

Danke auch an Gisela A. für freundschaftliche Kritik und Feedbacks. Danke für deine Anmerkungen und ehrlichen Worte. Dein Lob und deine Anerkennung für mein Vorgängerwerk „Schnauze Voll! Jetzt rechne ich ab!" waren einzig und alleine der Motor, in dieser kur-zen Zeit ein weiteres Buch zu schreiben. Ich wünsche dir für deine private und gesundheitliche Zukunft alles Gute.

Danke, Kristin K., Doreen Wilke, Daniela Giesecke, Kerstin Linke, Oksana Seewald, Ute G., Ute K. aus Braunschweig, Wolfgang Königsmann, Julia Schlie-mann, Anabel Weiss, Wolfgang, Andy und Anja K., Volker W., Gesa B., Thorsten „Toddy" S., Martina S., Sabine G., Tina Dammeier, Hubert Kah und Sabi-ne Schedler, Hidi Bayer, Thommy Heid, die allesamt aus verschiedenen Gründen einen besonderen Platz in meinem Herzen gefunden haben und aus diesem Grund den Anspruch haben, mehr oder weniger namentlich in meinem Buch erwähnt zu werden.

Danke meinen Lieblingskollegen: Bodo Bach, Simone Solga, Stephan Bauer, Klaus Karl-Kraus, Horst Fyr-

guth, Michael Eller, Tillmann Courth, Volker Surmann und Peter Rodemeyer für eure Ratschläge und Anwesenheit.
Danke allen Veranstaltern, die mich immer wieder buchen.

Danke allen Fernsehsendern und Produktionsfirmen, dass ihr mich immer wieder für eure Fernsehformate berücksichtigt und mir damit TV-Auftritte ermöglicht.

Danke auch an alle Volldeppen und Vollidioten auf dieser Welt, dass ihr mir die Vorlage gabt, dieses Buch zu schreiben.

Danke mir selbst, dass ich mir die kostbare Zeit genommen habe, dieses Buch zu verfassen. Danke meinem Verstand und meinem Gehirn, dass ich bei Zeitungskontaktanzeigen wie: „21-jährige Friseurin mit vier Kindern sucht Mann zwecks gemeinsamer Zukunft. Eigene Kinder kein Hindernis!" immer noch denke: „Ach, du Scheiße!" und nicht „Geil, die will ich!".

Danke an alle, die ich in der Eile wieder einmal vergessen habe.

Wer glaubt, einen Dank verdient zu haben, aber leider in den vorderen Zeilen vergessen wurde, der möge sich hier bitte selbst eintragen.

Danke   für   !

CDs:

Christian Keltermann
„ES WIRD KELTERMANN -
LACHEN BIS DER NOTARZT
KOMMT"
loop-records, Hamburg
veröffentlicht im Januar 2004

Christian Keltermann
„DER SATANSBRATEN"
loop-records, Hamburg
veröffentlicht im August 2005

DVDs:

Christian Keltermann
„LIVE UND UNBESCHNITTEN
- BEST OF 2003-2006"
BLUE LINE
veröffentlicht im Januar 2007

Christian Keltermann / Markus Weise
„DOPPELPACK - SOLO FÜR ZWEI"
starlight s&e
veröffentlicht im Juli 2007

Folgende Bücher sind bei BoD erschienen:

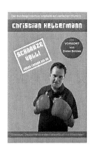

Christian Keltermann
„SCHNAUZE VOLL! JETZT RECHNE ICH AB!"
Comedy und Kabarett
veröffentlicht im Mai 2009
BOD/ ISBN: 3839102464

Desweiteren schrieb Christian Keltermann unter dem Namen „Markus Wolter" zwei Bücher mit Poesie und eigenen lyrischen Texten.

Markus Wolter
„ERINNERUNGEN..."
Lyrik, Texte und Gedichte
veröffentlicht im August 2002
BOD/ ISBN: 3831136068

Markus Wolter/Daniela Giesecke
„RÜCKENWIND"
Lyrik, Texte und Gedichte
veröffentlicht August 2004
BOD/ ISBN: 3833409614